JN445673

성경 퍼즐 시리즈 3

창의 퍼즐로 즐기는 성경

박선호 지음

쿰란출판사

창의 퍼즐로
즐기는 성경

추천의 글

하나님께서 우리 인간에게 주신 최고의 선물은 성경입니다. 성경은 우리에게 영원한 생명의 길을 알려주고, 또한 천국의 풍성한 삶을 가르쳐주기 때문입니다. 그러므로 성경을 가까이해야 합니다. 하지만 안타깝게도 성경을 가까이하는 그리스도인들이 많지 않습니다. 그런 점에서 목회자의 임무는 교인들이 성경을 가까이하도록 하는 일입니다. 그런데 목회자 못지않게 성경을 가까이하게 하며, 그것도 재미있는 퍼즐로 만든 분이 있습니다. 박선호 장로님입니다. 장로님은 깊은 신앙 가운데서 창의력을 바탕으로 이런 귀한 책을 출판하게 되었습니다. 축하드립니다.

이 책은 어린이로부터 노년에 이르기까지 함께 할 수 있는 책이며 기독교 놀이문화를 제공해 줌으로써 개인은 물론이요 공동체에도 큰 유익을 줄 것입니다.

제 아내는 성경과 필사성경노트와 스도쿠책을 곁에 두고 있습니다. 성경을 읽고 쓰다가 이따금 스도쿠를 합니다. 이제 스도쿠책 자리에 박 장로님의 성경 퍼즐이 있게 될 것 같습니다. 한국 교회 놀이문화에 한 획을 그은 이 책이 가정과 교회, 여러 곳곳에 전해지길 바라며 일독을 권합니다.

미암교회 원로목사
정우

이 책의 특별함은 퍼즐이라는 렌즈를 통해 성경을 만나게 된다는 사실입니다. 소개되는 퍼즐을 풀다 보면 마치 밭에 감춰진 보화를 발견하는 기쁨을 맛보게 될 것입니다.

세 권의 책을 통해 저자가 얼마나 성경을 사랑하는지, 또한 독자들에게 하나님의 말씀을 찾아가는 기쁨을 전하기 위해 얼마나 애써 왔는지를 발견하게 됩니다. 바라기는 한국교회의 교회학교로부터 노년층에 이르기까지 다양한 세대에 걸쳐 이 책이 유용하게 활용될 수 있기를 소망합니다.

미암교회 담임목사
김철웅

퍼즐을 통한 인지 자극 활동은 기억력, 주의력, 문제 해결력 등 다양한 인지 기능을 유지하고 향상시키는 데 도움이 될 수 있습니다. 이 책은 성경의 말씀과 퍼즐을 결합하여, 마음의 평안과 두뇌의 활력을 함께 길러주는 의미 있는 시도로 생각됩니다.

이 책이 독자들의 신앙과 두뇌 건강 모두에 긍정적인 도움이 되기를 기대합니다.

재활의학과 전문의
이선명

성경은 세계에서 제일 많이 읽히는 책임에도 불구하고 너무도 광범위한 역사적인 기술과 딱딱해 보이는 교리내용, 수많은 생소한 인명과 지명들로 인해

일반인들이 쉽게 접근하지 못하는 면이 있습니다. 그런 가운데 신실한 믿음의 일꾼 박선호 장로님이 30년이 넘는 글로벌 기업에서 쌓아온 예리한 분석력과 사고력을 가지고 기존 신자들은 물론 초신자들도 성경을 쉽고 재미있게 읽고 그 뜻을 이해하고 기억하는 데 도움이 될 수 있도록 성경 퍼즐책 세 권을 동시에 출간하게 됨을 축하합니다.

이 책들은 자라나는 아이들에게는 호기심과 창의력을 길러주며 청장년들에게는 성경의 핵심을 깨닫고 이해하는 데 큰 도움이 되고 또한 시니어분들에게는 두뇌 훈련을 통하여 기억력 향상과 치매예방에도 큰 도움이 되리라 믿어 의심치 않습니다.

특히 재미있게 퍼즐을 풀어가며 느끼는 성취감과 기쁨은 단순 독서로 얻는 이해도와 기억력을 훨씬 능가한다는 학계의 연구 결과를 인용하지 않더라도 모든 독자분들에게 큰 만족감을 선사할 것이라고 확신합니다. 지혜와 지식의 하나님께서 이 과정에 참여하시는 모든 독자분들께 크신 은혜로 함께해 주실 줄 믿습니다.

한국경제인협회 중소기업 경영자문단 고문, 원일교회 원로장로

이원순

어려운 문제를 해결하기 위한 마지막 단서를 찾고는 "마지막 퍼즐 조각을 찾았다!"라고들 합니다. 이런 퍼즐을 난이도를 조절하고 나름의 의미를 부여하게 되면 어린이들에게는 지능발달, 성인들에게는 두뇌유희, 그리고 나이 들어 노후의 두뇌건강을 생각하는 노인들에게는 두뇌훈련의 매우 좋은 도구가

될 수 있습니다.

한국창의사고력협회는 전신 한국창의퍼즐협회에서 퍼즐이 사고력 증진에 지대한 영향을 미친다는 것을 확인하고 '퍼즐'이라는 단어 대신 '사고력'을 공식 명칭으로 사용하게 되었고 어린이 위주의 활동에서 시니어를 위한 활동에 비중을 두기 시작했습니다. 이런 시니어를 위한 활동 프로그램 기획과 개발을 위해 시니어위원회가 발족되었고 초대 위원장으로 박선호 위원이 임명되었습니다.

종교인으로서 성경 말씀 전달을 새로운 방식으로 시도한 박 위원의 퍼즐에 대한 노력과 그 결과물을 출시하게 된 것에 대해 경외감과 함께 축하와 감사의 말씀을 전합니다. 최근 한류 열풍으로 한글을 배우는 세계인이 늘어가고 있어 해외에서 활동하는 많은 선교사분들도 잘 활용할 수 있을 것이라고 생각하며 다시 한번 찬사를 보냅니다.

한국창의사고력협회 회장

박흥철

성경 퍼즐을 발행하면서

성경 퍼즐 책 세 권을 함께 출판하게 되었습니다.
1권, 읊조리며 묵상하는 성경 퍼즐
2권, 인기 있는 5가지 퍼즐과 성경의 콜라보
3권, 창의 퍼즐로 즐기는 성경

세 권 모두 퍼즐을 즐기는 동안 성경 말씀에 접목하려는 생각을 하면서 응용하고 창작했던 것들입니다.

퍼즐(Puzzle)이란 숫자와 기호가 가진 논리적인 연관성을 찾아내는 일종의 암호 풀기 놀이며, 문제를 여러 각도에서 생각해 보면서 풀어 가는 놀이라고 정의할 수 있습니다. 스도쿠(Sudoku)를 접하고 그 재미를 느끼기 시작하면서 퍼즐에 관심을 갖게 되었고, 이후 멘사 퍼즐 시리즈(수리, 아이큐, 사고력, 추리력 등) 내용의 다양한 퍼즐 종류를 즐기면서 취미로 발전했습니다. 퍼즐을 남은 인생 동안 지속적으로 즐기는 취미로 해야겠다는 생각을 하다 보니 시중에서 구입할 수 있는 대부분의 퍼즐 책을 수집하여 즐기고, 분석하고, 정리하기에 이르렀습니다.

퍼즐은 취미 활동을 하면서 인지 능력을 확장할 수 있는 수리적 추론과 언어 능력, 공간 지각 능력, 집중력, 인내력 등을 자극함으로써 두뇌 트레이닝에 도움을 준다는 확신이 생겼습니다.

퍼즐과 비슷한 것이 퀴즈인데 퀴즈와 퍼즐은 사고법이 다릅니다. 퀴즈는 자기의 기지나 지식을 질문의 힌트를 통해 빠르게 해답 찾기를 요구한다면, 퍼즐은 시간에 약간의 여유가 주어져 생각하며 답을 찾는 묘미가 있습니다.

퍼즐의 종류도 무척이나 다양한데, 그동안 퍼즐을 즐기면서 재미있다고 생각되는 것들을 응용함으로써 성경(Bible)과 연계하여 문제를 낸다면 특히 기독교 신앙인들에게는 인지 능력 향상(또는 두뇌 트레이닝)에 대한 동기 부여와 함께 또다른 재미를 나눌 수 있다는 생각을 하게 되었습니다.

성경(Bible) 퍼즐의 특징은, 퍼즐 문제를 풀면서 성경의 주요한 말씀 구절이나 단어, 성경 문구 등을 읊조리게 되고 그러면서 성경이 주는 유익을 함께 누리게 된다는 것입니다.

이 성경 퍼즐은 우선은 액티브 기독 시니어들의 재미있는 인지 능력 향상 놀이책으로 활용되었으면 하고, 재미있는 여가 활동이 되며, 노년층에게는 치매를 방지하는 지적인 건강을 지키는 역할을 기대합니다.

그리고 창의력 공부로 무장된 청소년들이 즐기는 데도 더할 나위 없이 좋습니다. 또한 장기간 홀로 시간을 보내야 하는 외항선원, 재소자, 장기 출장자 같은 이들이 성경을 가까이하고 인지 능력을 유지하기에도 좋다고 생각하여 적극 추천합니다.

이 책이 출판되기까지 수고해 주신 모든 분들께 감사드리며 이 모든 영광이 온전히 우리 주님께 돌려지길 소망합니다.

2025년 11월 4일

박선호

목차 Contents

제2부

신나는 Exciting

제3부

빠져드는 Absorbing

제 1 부

재미있는
Interesting

쌍둥이끼리 연결하기

외곽선 내에서 선이 교차되지 않도록 하면서 같은 단어끼리 연결해 보세요.

문제1

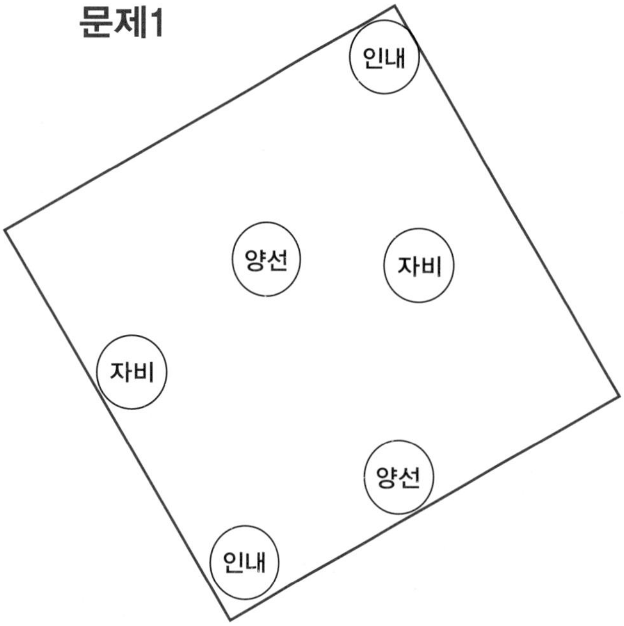

문제2

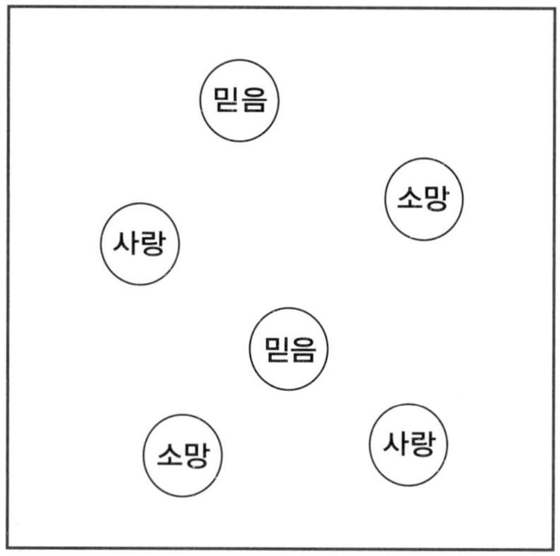

문제3

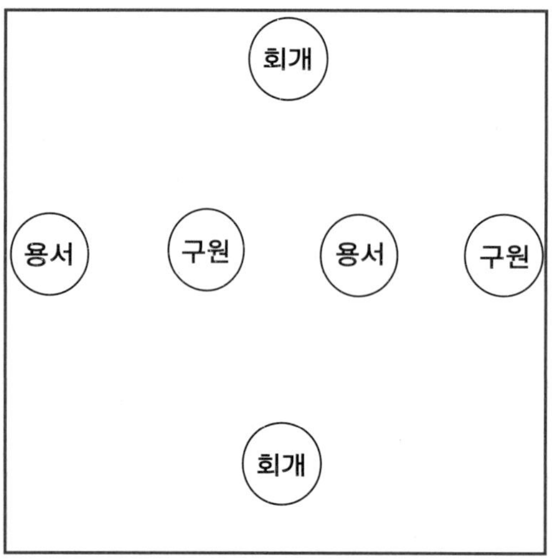

문제4

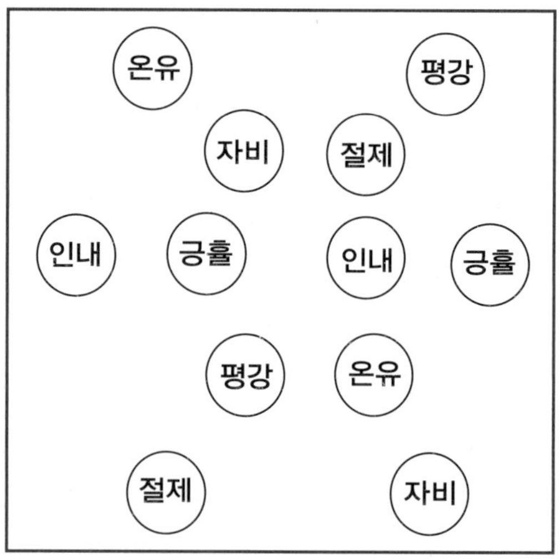

쌍둥이끼리 연결하기

외곽선 내에서 선이 교차되지 않도록 하면서 같은 단어끼리 연결해 보세요.

문제5

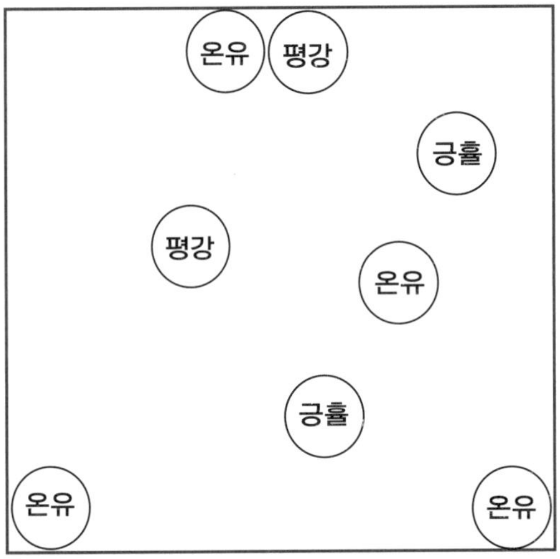

문제6

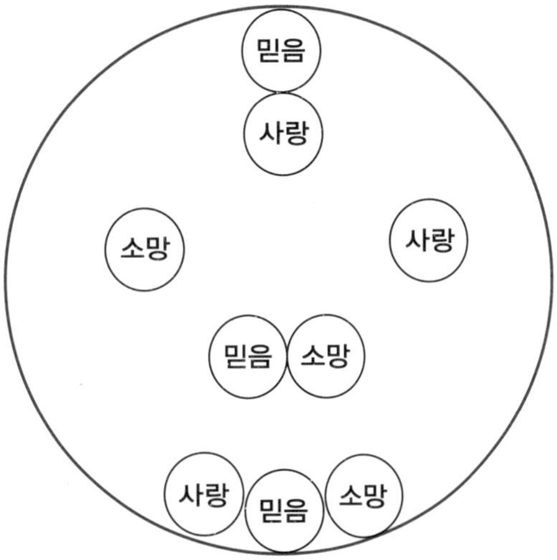

문제7

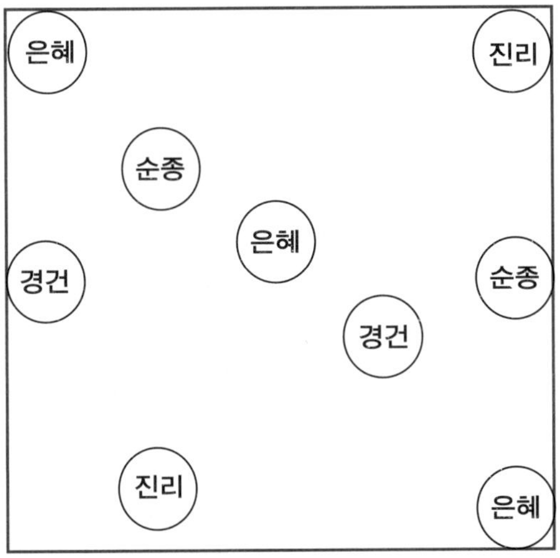

문제8

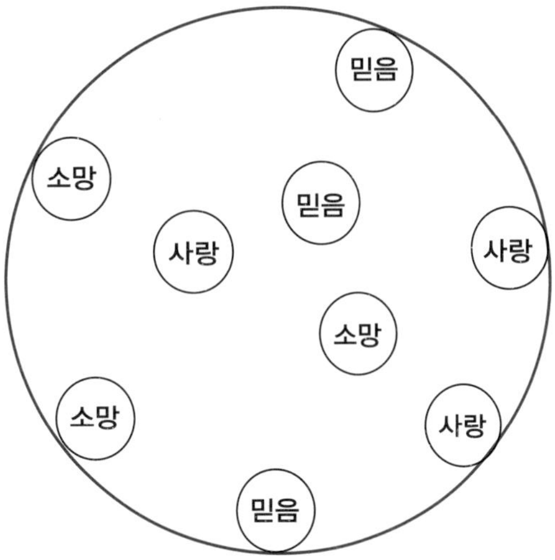

쌍둥이끼리 연결하기

외곽선 내에서 선이 교차되지 않도록 하면서 같은 단어끼리 연결해 보세요.

문제9

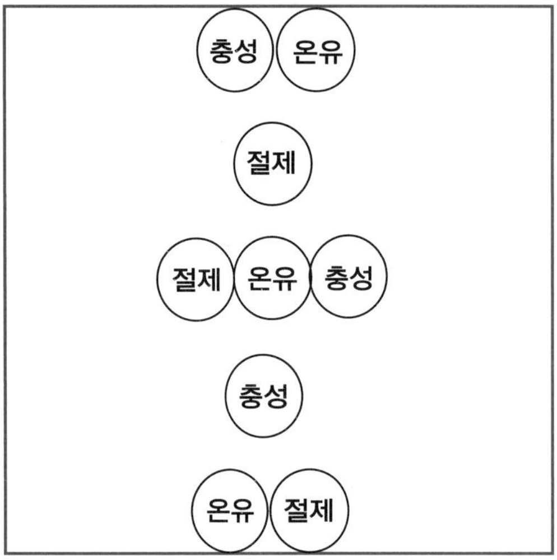

문제10

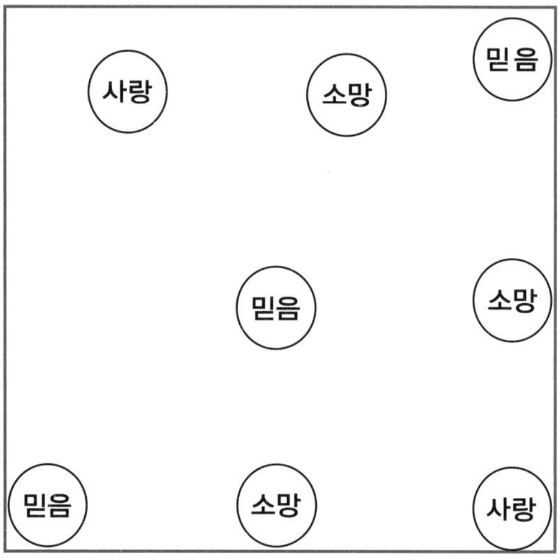

문제11

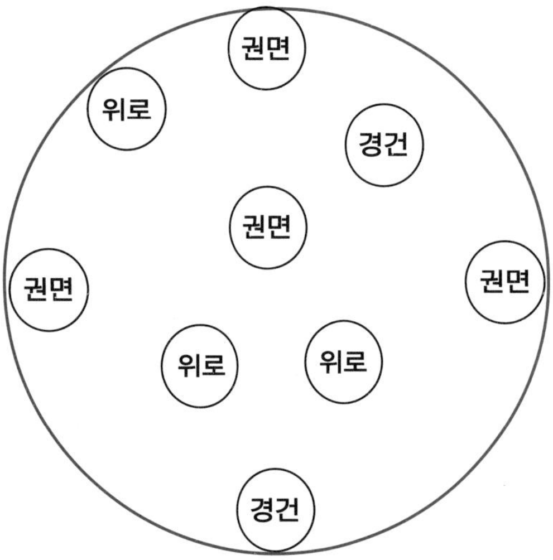

문제12

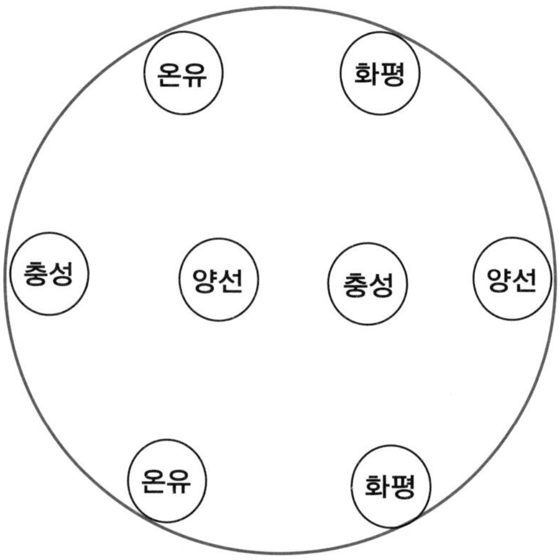

쌍둥이끼리 연결하기

외곽선 내에서 선이 교차되지 않도록 하면서 같은 단어끼리 연결해 보세요.

문제13

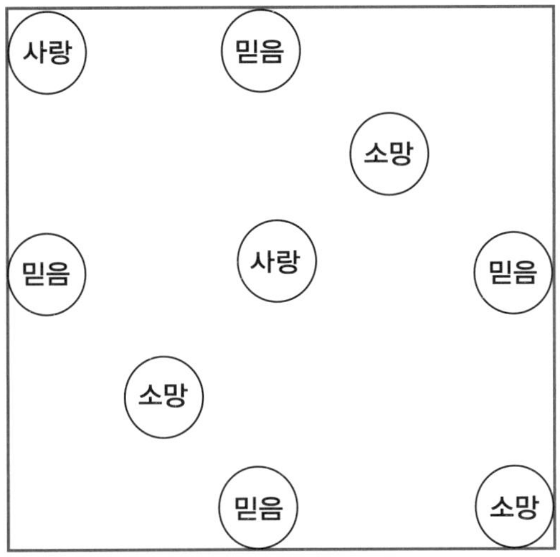

문제14

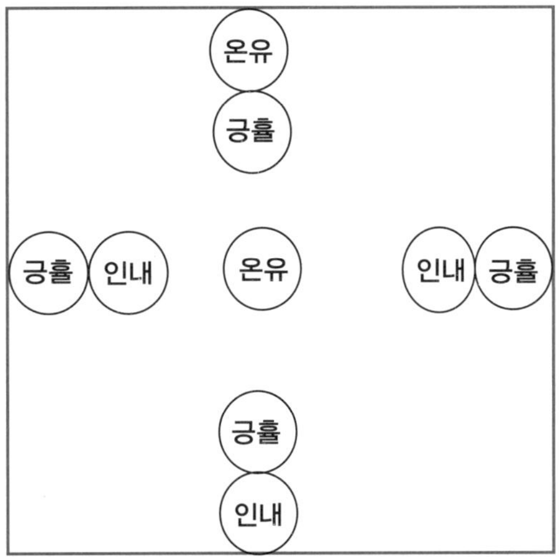

문제15

문제16

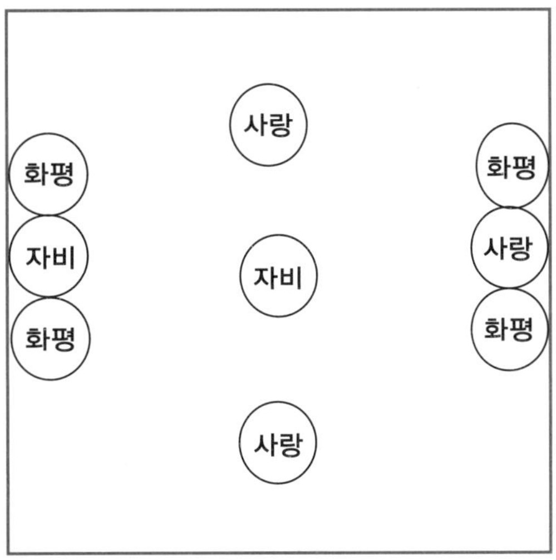

쌍둥이끼리 연결하기

외곽선 내에서 선이 교차되지 않도록 하면서 같은 단어끼리 연결해 보세요.

문제17

문제18

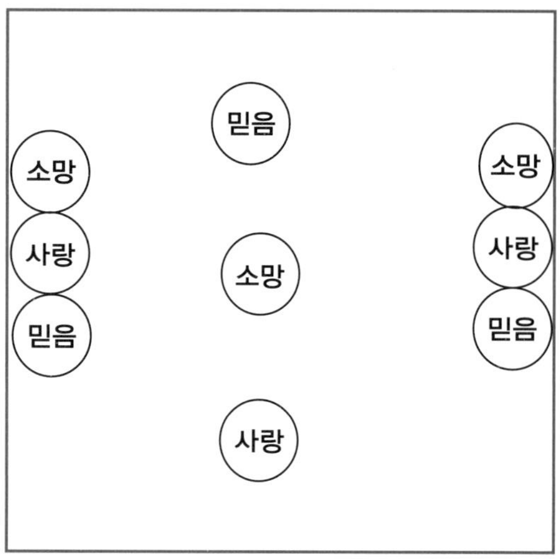

문제19

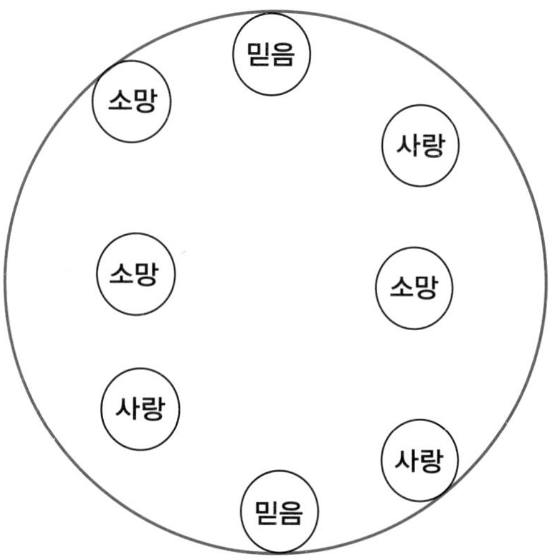

문제20

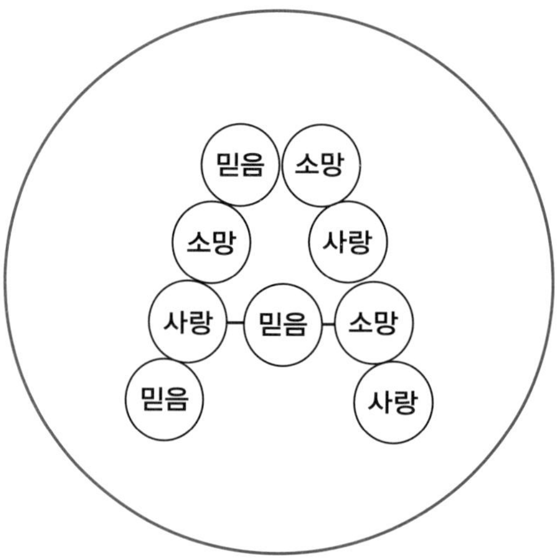

쌍둥이끼리 연결하기

글자판 위 같은 단어끼리 또는 연관되는 단어끼리 선으로 연결하는 짝 찾기 퍼즐입니다. 선으로 연결할 때는 선이 서로 겹치면 안 되고, 같은 칸에 두 개의 선이 지나가도 안 되며, 선이 지나가지 않은 빈칸이 남아 있어서도 안 됩니다. 글자판 위의 모든 칸은 하나의 선만 지나가야 하며, 가로, 세로로만 움직여야 합니다.

문제21

믿음				소망
				사랑
		사랑		소망
				믿음

문제22

	긍휼	지혜		
	은혜			
	긍휼	평강		지혜
			은혜	충만
평강	충만			

문제24

자비	화평			
				화평
믿음	사랑	믿음	자비	충성
사랑		충성		

쌍둥이끼리 연결하기

글자판 위 같은 단어끼리 또는 연관되는 단어끼리 선으로 연결하는 짝 찾기 퍼즐입니다. 선으로 연결할 때는 선이 서로 겹치면 안 되고, 같은 칸에 두 개의 선이 지나가도 안 되며, 선이 지나가지 않은 빈칸이 남아 있어서도 안 됩니다. 글자판 위의 모든 칸은 하나의 선만 지나가야 하며, 가로, 세로로만 움직여야 합니다.

문제25

			용서	감사
	찬송		찬송	
			기쁨	
성결	용서		감사	
	성결			기쁨

문제26

				양성
	사랑		절제	
사랑	온유	양선	온유	
감사				
		감사	절제	

문제27

순종			인내	
	온유		사랑	
	평강	순종		
				인내
	온유	평강		사랑

문제28

		위로		
긍휼		긍휼	용서	위로
순종				용서
말씀	순종		말씀	

쌍둥이끼리 연결하기

글자판 위 같은 단어끼리 또는 연관되는 단어끼리 선으로 연결하는 짝 찾기 퍼즐입니다. 선으로 연결할 때는 선이 서로 겹치면 안 되고, 같은 칸에 두 개의 선이 지나가도 안 되며, 선이 지나가지 않은 빈칸이 남아 있어서도 안 됩니다. 글자판 위의 모든 칸은 하나의 선만 지나가야 하며, 가로, 세로로만 움직여야 합니다.

문제29

화평		희락	사랑	자비
	희락			
			양선	
	사랑	화평		자비
				양선

문제30

			오직	일체
	성령			
	예수	주께		
삼위	영광		충만	

문제31

	다윗			바울
	한나		사무엘	마리아
		바나나		
	요나단	요셉		

문제32

이삭			아담	
	룻		하와	모세
	십보라		리브가	
보아스				

쌍둥이끼리 연결하기

글자판 위 같은 단어끼리 또는 연관되는 단어끼리 선으로 연결하는 짝찾기 퍼즐입니다. 선으로 연결할 때는 선이 서로 겹치면 안 되고, 같은 칸에 두 개의 선이 지나가도 안 되며, 선이 지나가지 않은 빈칸이 남아 있어서도 안 됩니다. 글자판 위의 모든 칸은 하나의 선만 지나가야 하며, 가로, 세로로만 움직여야 합니다.

문제33

출애		주기	공관	
사도			도문	
	행전	복음	굽기	

문제34

루야				달리
에셀				천지
	할렐	다굼		
			에벤	
		창조		

문제35

				니고
	미야		상자	
	데모			
		예레	갈대	사벳
엘리				

문제36

	나무	오병	살렘	
			스도	
		떨기		
	이어		그리	
			예루	

정답

문제1

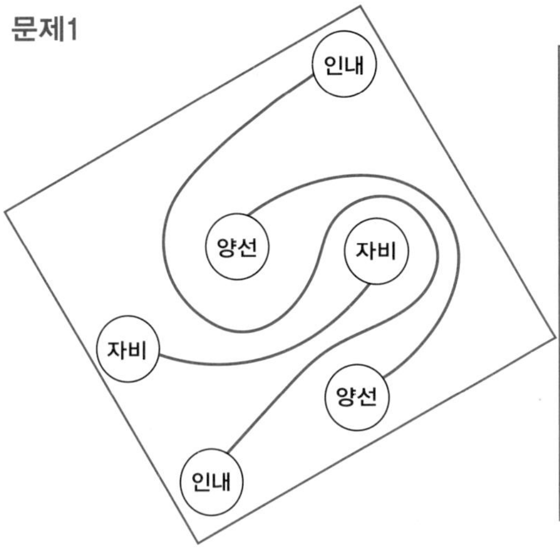

문제2

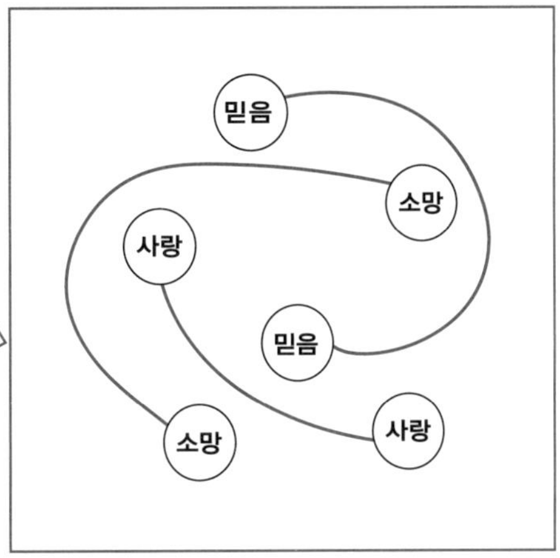

문제3

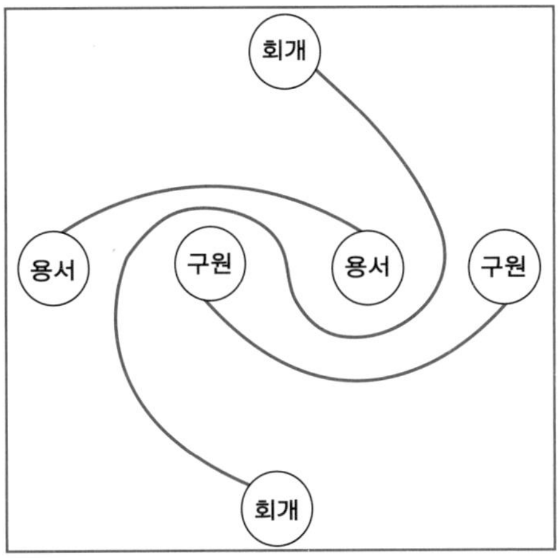

문제4

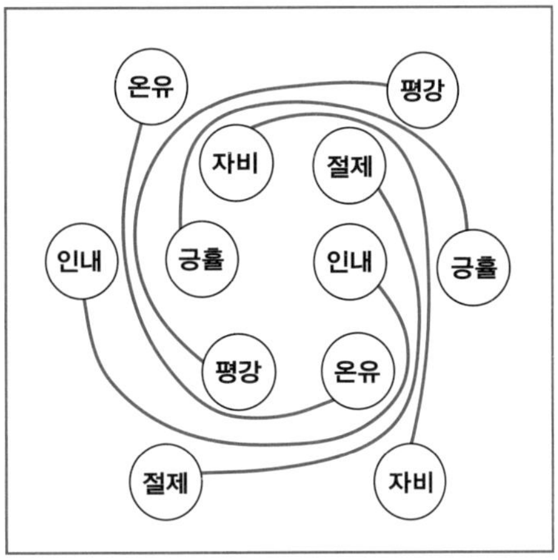

문제5

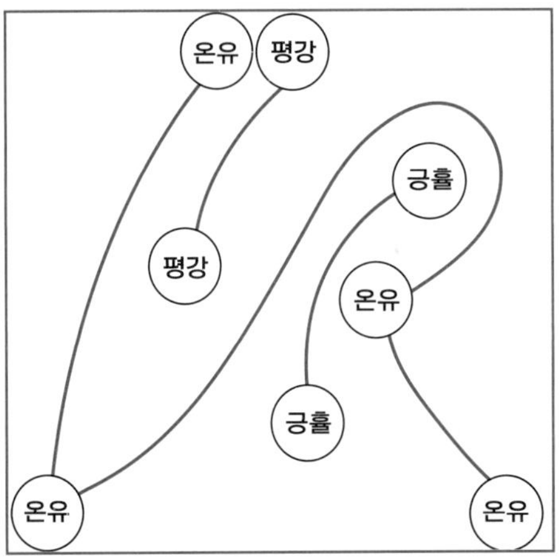

문제6

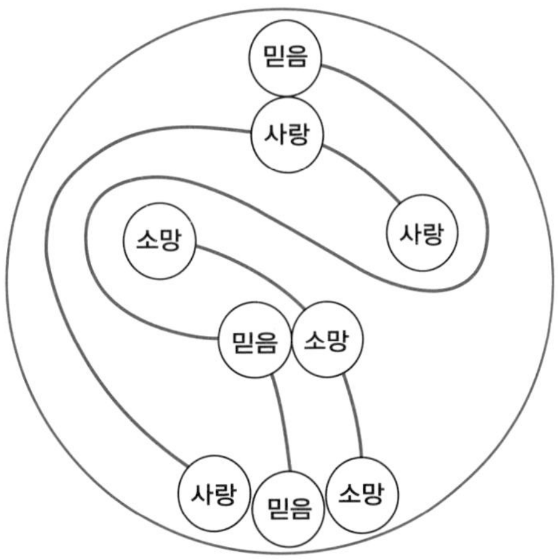

문제7

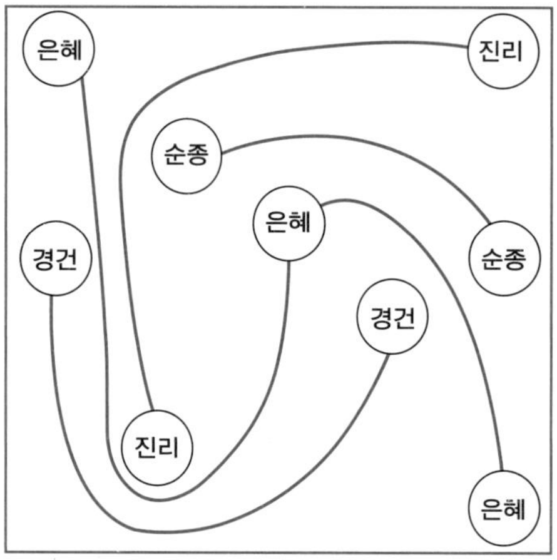

문제8

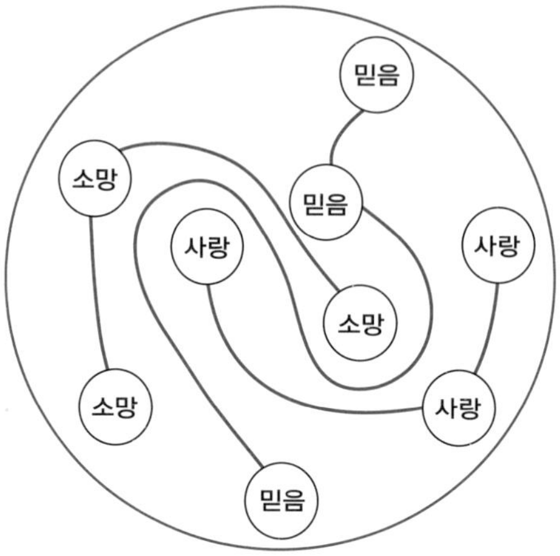

문제9

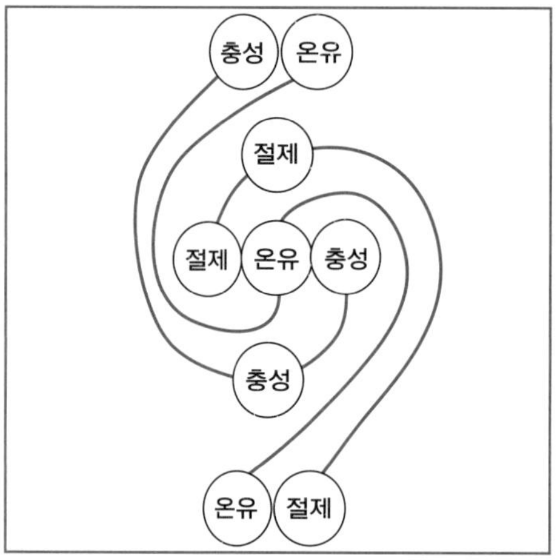

문제10

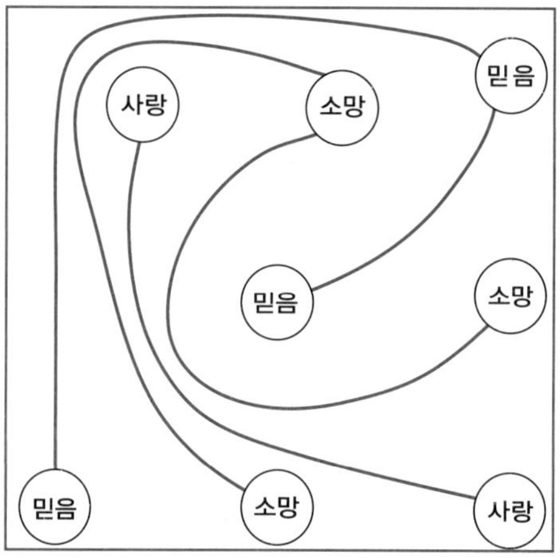

문제11

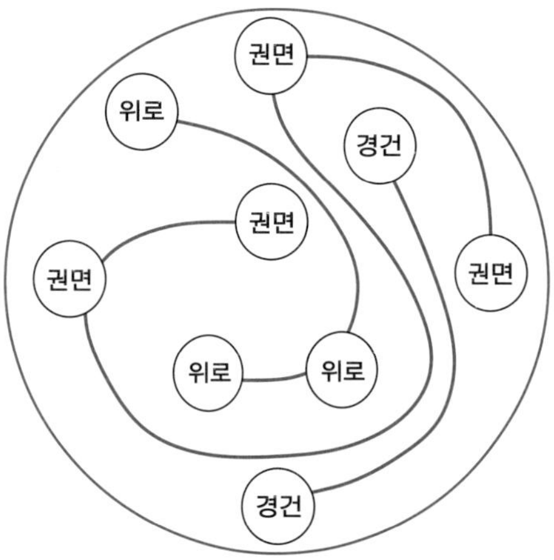

문제12

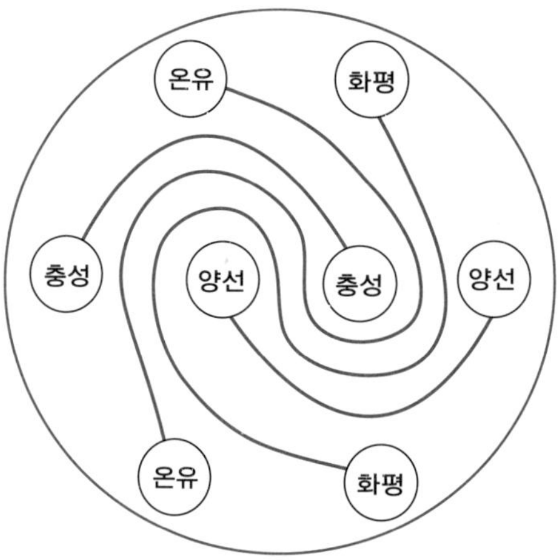

문제13

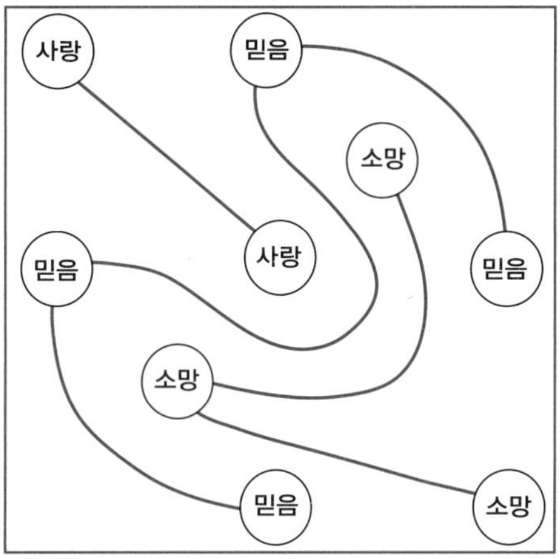

문제14

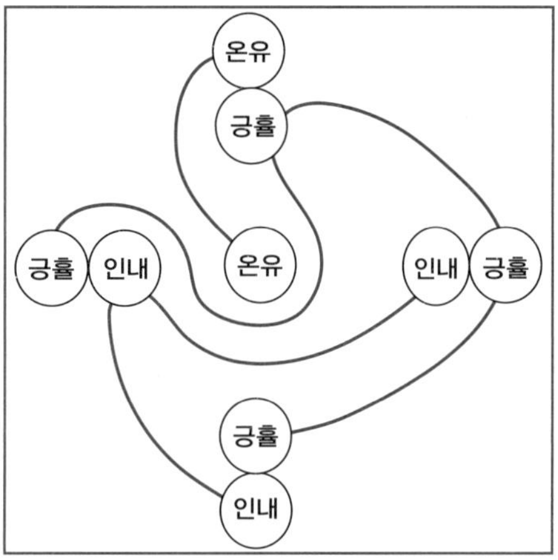

문제15

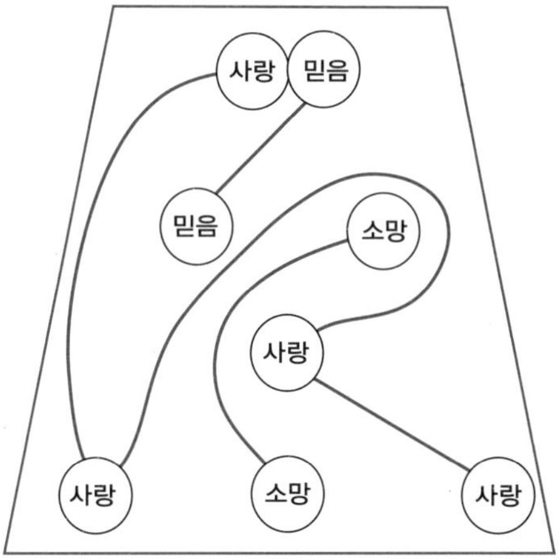

문제16

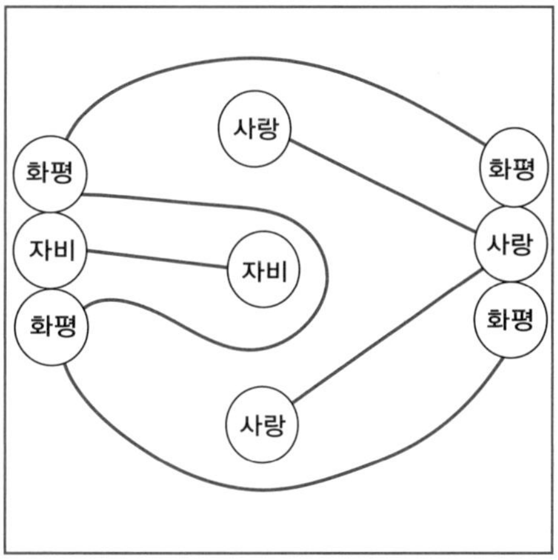

문제17

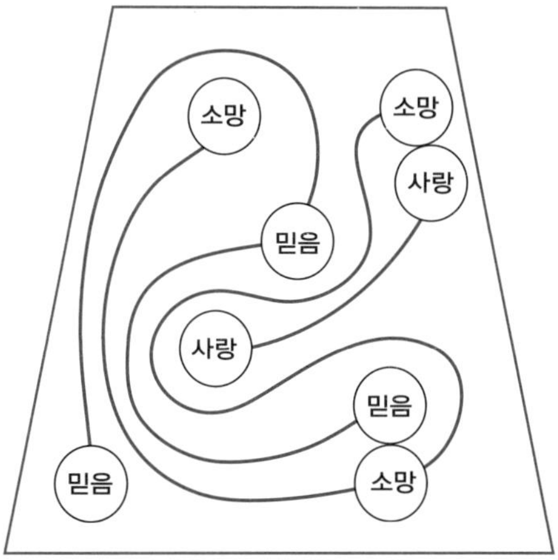

문제18

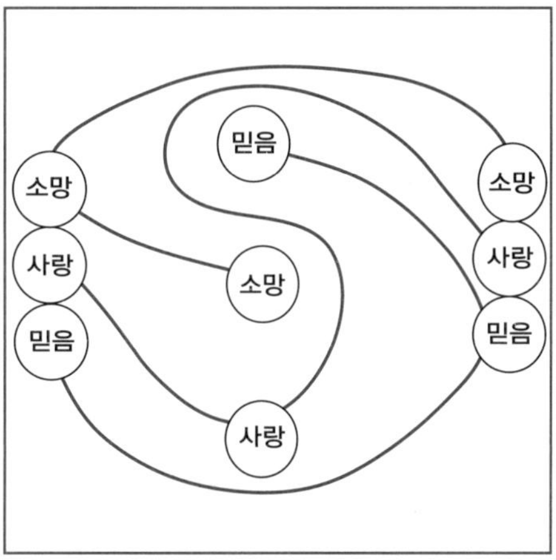

문제19

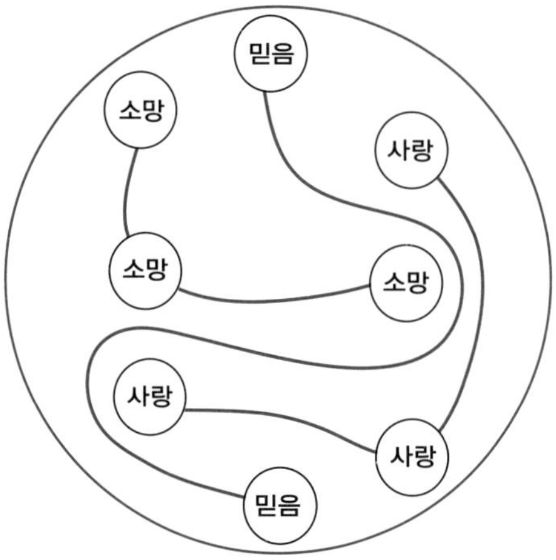

문제20

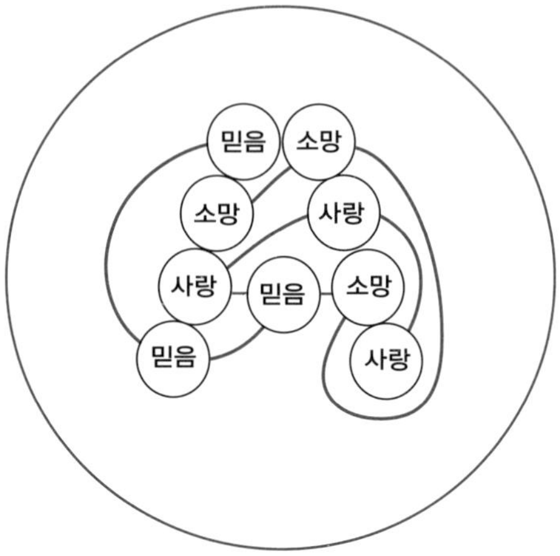

문제21

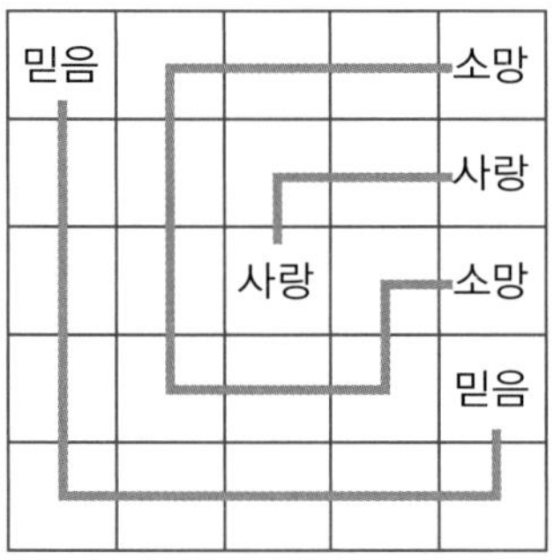

문제22

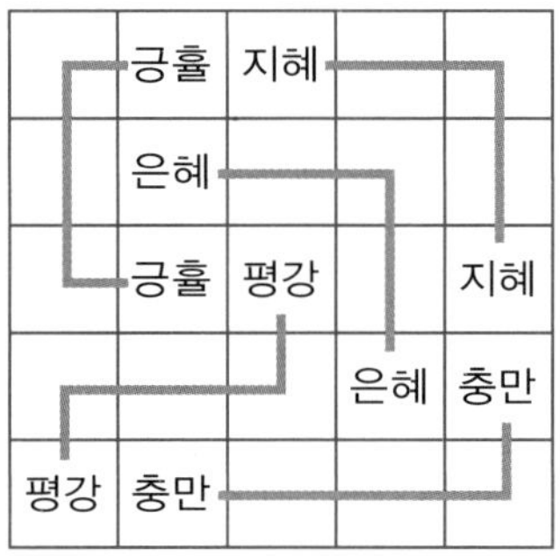

문제23

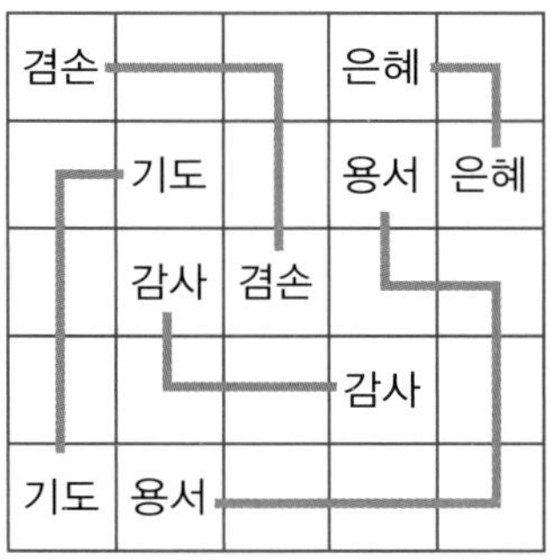

문제24

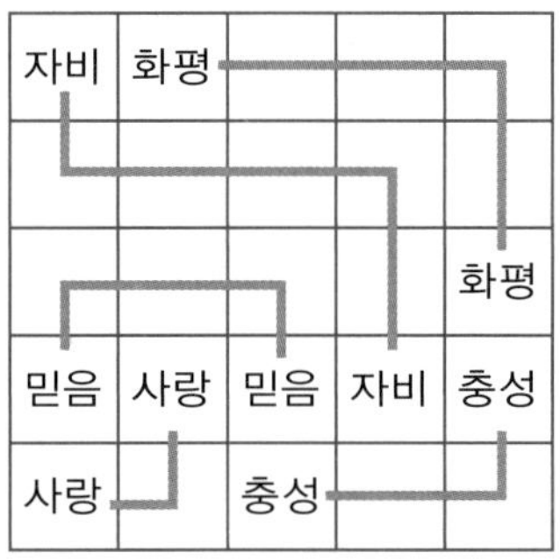

문제25

			용서	감사
	찬송		찬송	
			기쁨	
성결	용서		감사	
	성결			기쁨

문제26

				양성
	사랑		절제	
사랑	온유	양선	온유	
감사				
		감사	절제	

문제27

순종			인내	
	온유		사랑	
	평강	순종		
				인내
	온유	평강		사랑

문제28

		위로		
긍휼		긍휼	용서	위로
순종				용서
말씀	순종		말씀	

문제29

화평		희락	사랑	자비
	희락			
			양선	
	사랑	화평		자비
				양선

문제30

			오직	일체
	성령			
	예수	주께		
삼위	영광		충만	

문제31

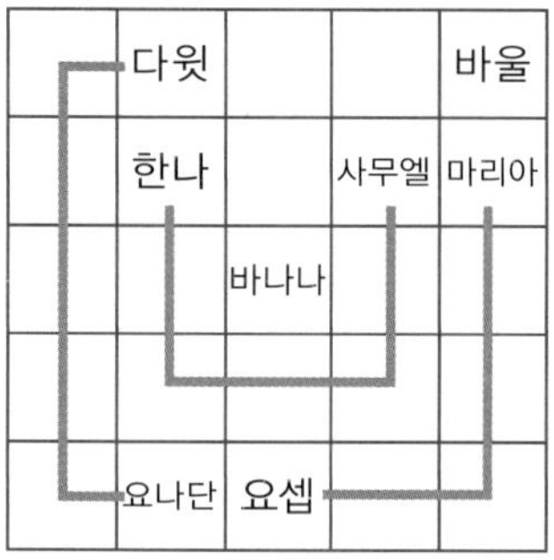

문제32

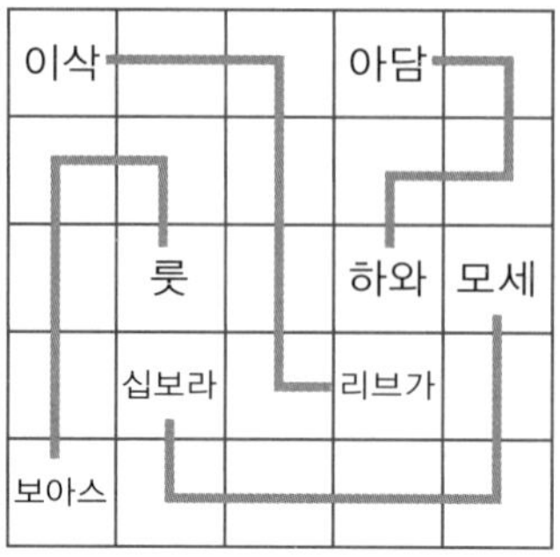

문제33

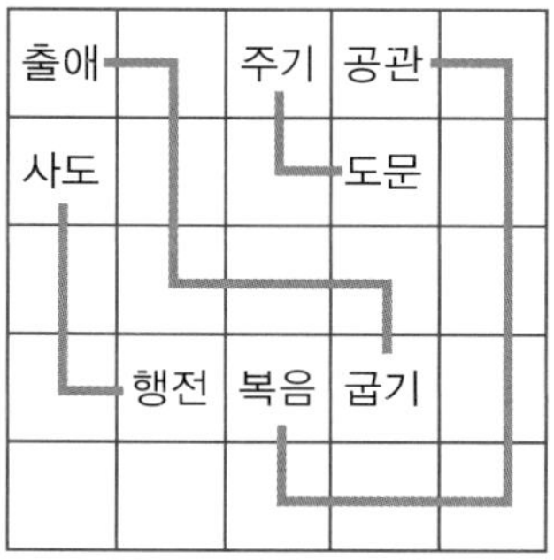

문제34

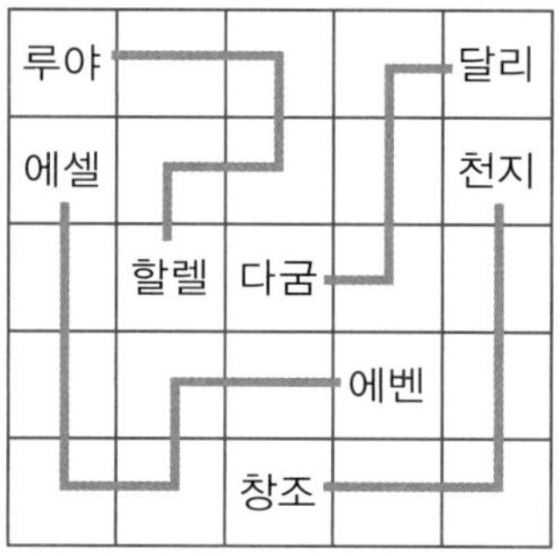

문제35

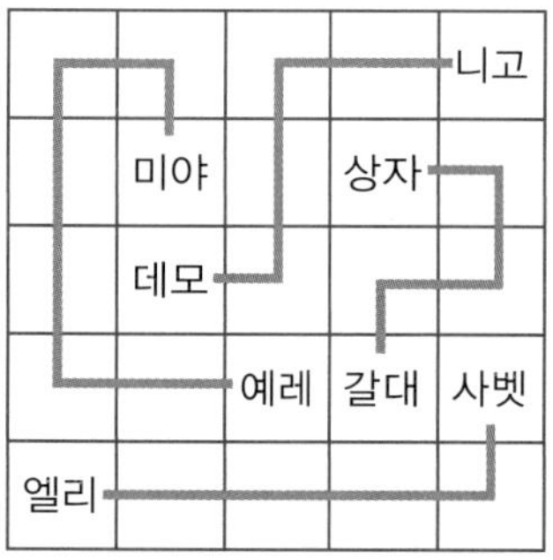

문제36

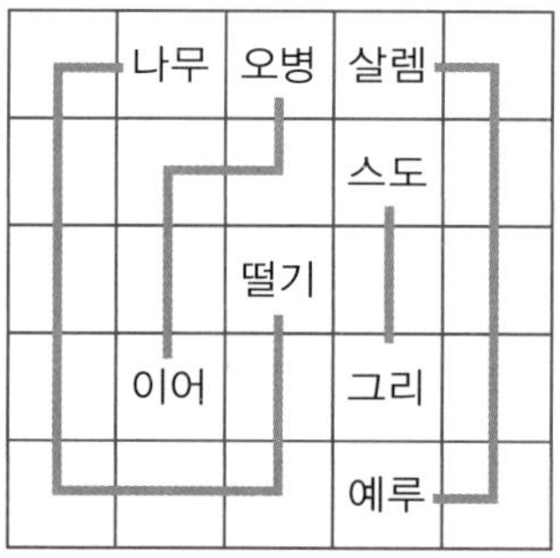

사칙연산 네모로직

문제1

퍼즐판 안의 숫자들 중에서 3 또는 7로 소숫점 없이 나누어지는 숫자에만 검정색을 칠하면 어떤 형상이 나타나는지 확인하고 해당되는 성경 구절을 찾아서 필사해 보세요.

112	1	6	40	147	65	168	266	114	46	35	52	84	44	159
312	147	287	133	381	94	208	41	219	163	228	59	192	217	24
9	74	238	134	81	158	345	21	413	172	42	8	259	124	186
182	237	14	2	413	83	427	19	151	34	189	152	96	224	102
32	127	10	160	72	125	28	282	154	998	22	79	25	105	38
439	108	225	165	200	20	422	283	137	437	97	8	82	351	95
109	781	599	91	113	16	116	605	153	37	39	68	130	406	472
425	27	126	210	20	557	502	139	318	126	280	11	177	36	119
50	252	22	428	43	56	44	26	342	61	105	304	82	4	53
500	72	273	36	96	122	85	503	42	3	198	62	301	80	128
88	440	44	37	932	136	153	47	110	109	47	902	108	29	703
30	195	156	46	133	11	196	63	871	608	31	144	127	294	67
800	23	234	89	329	443	25	285	421	605	124	12	32	69	80
203	175	33	706	58	41	231	18	64	105	26	98	29	245	124
56	43	55	92	171	121	73	357	62	34	157	161	111	49	315
348	171	7	61	109	26	15	162	424	424	86	64	37	231	40

사칙연산 네모로직

문제2

굵은 선 안의 각 칸에 들어있는 숫자는 굵은 선 밖의 가로와 세로에 들어있는 숫자 중에서 큰 수에서 작은 수를 뺀 값의 숫자입니다. 뺀 값의 숫자가 맞는 칸에만 검게 색칠을 하면 나타나는 성경구절을 찾아서 필사해 보세요.

	11	8	9	13	17	21	4	8	3	12	14	5	15	6
16	7	10	5	4	1	6	11	9	3	8	4	11	3	10
9	2	1	0	8	8	7	4	1	6	3	3	4	4	3
5	6	8	4	5	12	15	2	3	8	9	6	0	9	1
4	7	5	5	7	13	17	8	4	1	8	5	1	11	2
13	2	5	4	1	4	2	17	5	6	4	7	8	8	7
14	8	9	3	5	3	9	18	6	11	2	10	9	9	8
8	9	2	4	6	9	3	8	1	4	8	9	3	17	2
7	8	3	6	9	4	7	6	2	1	3	5	4	18	11
12	1	4	3	5	4	10	8	4	9	2	4	7	3	6
11	0	9	5	4	8	9	7	5	3	4	6	5	6	5
2	9	0	5	7	15	3	2	0	4	9	14	8	7	4
3	8	5	6	6	13	4	1	5	0	6	11	8	8	3
15	4	9	6	8	2	9	11	9	12	8	2	20	10	9
17	6	9	8	1	5	8	13	9	14	9	8	3	4	11

사칙연산 네모로직

문제3

가로와 또는 세로 줄의 두 숫자를 더해 15가 나오는 숫자를 모두 지워 주세요. 그리고 나서 가장 마지막에 남는 숫자 세 개는 성경에 나오는 어떤 숫자를 만들 수 있을까요?

4	9	14	10	11	7	6	12	10
13	3	11	7	12	9	12	4	8
9	5	1	3	2	14	7	10	13
14	6	6	8	10	2	1	3	7
12	11	8	5	14	5	13	4	12
10	4	1	13	5	1	8	9	11
6	8	7	12	3	6	7	6	3
2	14	9	4	5	8	11	1	5
3	9	1	2	1	13	2	14	3

사칙연산 네모로직

문제4

퍼즐판 안의 숫자들 중에서 7 또는 9로 소숫점 없이 나누어지는 숫자에만 검정색을 칠하면 어떤 형상이 나타나는지 확인하고 해당되는 성경 구절을 찾아서 필사해 보세요.

23	72	315	98	367	157	471	213	130	429	314	126	249	465	403
415	528	416	336	472	417	343	420	216	483	499	406	438	115	521
491	378	405	301	158	253	469	480	254	397	219	333	250	505	327
113	225	412	452	244	479	133	25	446	105	517	423	203	214	527
467	360	413	266	481	439	329	453	519	490	221	238	305	523	430
247	451	468	326	122	215	486	243	369	288	337	450	454	134	512
131	368	189	223	313	411	30	251	418	241	515	224	419	524	353
440	294	477	273	466	114	237	473	129	482	159	442	492	123	409
303	489	401	124	421	293	447	255	425	34	311	356	227	388	410
153	350	426	463	165	154	448	261	304	443	408	474	252	257	432
435	495	487	279	132	434	235	529	402	379	163	26	392	545	259
441	324	291	407	428	342	335	393	298	171	539	381	427	475	462
511	229	436	175	541	144	504	306	542	309	457	328	234	551	308
371	533	334	535	116	364	437	476	384	444	118	493	455	445	497
207	513	537	125	485	270	414	168	248	464	389	307	351	554	147

사칙연산 네모로직

문제5

퍼즐판 안의 숫자들 중에서 4 또는 7로 소숫점 없이 나누어지는 숫자에만 검정색을 칠하면 어떤 형상이 나타나는지 확인하고 해당되는 성경 구절을 찾아서 필사해 보세요.

67	527	473	130	537	241	252	426	93	431	129	335	109	273	66
535	48	516	56	640	71	408	134	521	287	623	406	607	539	235
275	371	501	555	357	237	385	513	356	111	219	116	478	336	505
429	126	577	94	245	498	616	68	506	53	522	553	557	76	434
519	427	369	421	441	389	268	541	459	605	74	350	113	552	593
117	316	342	529	276	477	492	54	246	485	370	104	597	231	458
482	224	504	96	511	555	161	411	611	355	131	530	414	532	366
383	127	446	55	430	367	518	470	299	59	493	457	283	175	526
135	463	351	445	115	435	123	474	209	551	349	121	502	587	341
154	334	259	118	443	75	84	525	217	285	140	507	91	281	514
560	559	413	321	176	297	422	571	612	570	592	542	301	523	122
308	475	196	62	531	461	292	637	448	437	133	425	544	545	486
630	247	483	578	588	543	581	271	503	207	532	604	182	452	65
564	579	469	487	582	95	329	533	481	83	125	471	595	550	613
203	61	212	423	103	558	609	632	189	491	323	97	452	585	89

정답

문제1

112	1	6	40	147	65	168	266	114	46	35	52	84	44	159
312	147	287	133	381	94	208	41	219	162	228	59	192	217	24
9	74	238	134	81	158	345	21	413	172	42	8	259	124	186
182	237	14	2	413	83	427	19	151	34	189	152	96	224	102
32	126	10	160	72	125	28	282	154	998	22	79	25	105	38
439	108	225	165	200	20	422	283	137	437	97	8	82	351	95
109	780	599	91	113	16	116	605	153	37	39	68	130	406	472
425	27	126	210	20	555	502	139	318	126	280	11	177	36	119
50	252	22	428	43	56	44	26	342	61	105	304	82	4	53
500	72	273	36	96	122	85	503	42	3	198	62	301	80	128
88	440	44	37	932	136	153	47	110	109	47	902	108	29	703
30	195	156	46	133	11	196	63	870	608	31	144	127	294	67
800	23	234	89	329	443	25	285	421	602	119	12	32	69	80
203	175	33	706	58	41	231	18	64	105	26	98	29	245	124
56	43	55	92	171	121	73	357	60	34	156	161	111	49	314
348	171	7	61	109	26	15	162	424	424	86	64	37	231	40

빌립보서 2장 3,4절
아무 일에든지 다툼이나 허영으로 하지 말고 오직 겸손한 마음으로 각각 자기보다 남을 낫게 여기고 각각 자기 일을 돌볼뿐더러 또한 각각 다른 사람들의 일을 돌보아 나의 기쁨을 충만하게 하라

문제2

	11	8	9	13	17	21	4	8	3	12	14	5	15	6
16	7	10	5	4	1	6	11	9	3	8	4	11	3	10
9	2	1	0	8	8	7	4	1	6	3	3	4	4	3
5	6	8	4	5	12	15	2	3	8	9	6	0	9	1
4	7	5	5	7	13	17	8	4	1	8	5	1	11	2
13	2	5	4	1	4	2	17	5	6	4	7	8	8	7
14	8	9	3	5	3	9	18	6	11	2	10	9	9	8
8	9	2	4	6	9	3	8	1	4	8	9	3	17	2
7	8	3	6	9	4	7	6	2	1	3	5	4	18	11
12	1	4	3	5	4	10	8	4	9	2	4	7	3	6
11	0	9	5	4	8	9	7	5	3	4	6	5	6	5
2	9	0	5	7	15	3	2	0	4	9	14	8	7	4
3	8	5	6	6	13	4	1	5	0	6	11	8	8	3
15	4	9	6	8	2	9	11	9	12	8	2	20	10	9
17	6	9	8	1	5	8	13	9	14	9	8	3	4	11

마태복음 6장 6,7절
너는 기도할 때에 네 골방에 들어가 문을 닫고 은밀한 중에 계신 네 아버지께 기도하라 은밀한 중에 보시는 네 아버지께서 갚으시리라 또 기도할 때에 이방인과 같이 중언부언하지 말라 그들은 말을 많이 하여야 들으실 줄 생각하느니라

문제3

4	9	14	10	11	7	6	12	10
13	3	11	7	12	9	12	4	8
9	5	1	3	2	14	7	10	13
14	6	6	8	10	2	1	3	7
12	11	8	5	14	5	13	4	12
10	4	1	13	5	1	8	9	11
6	8	7	12	3	6	7	6	3
2	14	9	4	5	8	11	1	5
3	9	1	2	1	13	2	14	3

※ 마지막에 남는 숫자 1, 5, 3은 각각 다른 위치에 있을 수도 있습니다.

요한복음 21장 10~14절 153마리의 생선
예수께서 이르시되 지금 잡은 생선을 좀 가져오라 하시니 시몬 베드로가 올라가서 그물을 육지에 끌어 올리니 가득히 찬 큰 물고기가 백쉰세 마리라 이같이 많으나 그물이 찢어지지 아니하였더라 예수께서 이르시되 와서 조반을 먹으라 하시니 제자들이 주님이신 줄 아는 고로 당신이 누구냐 감히 묻는 자가 없더라 예수께서 가셔서 떡을 가져다가 그들에게 주시고 생선도 그와 같이 하시니라 이것은 예수께서 죽은 자 가운데서 살아나신 후에 세 번째로 제자들에게 나타나신 것이라

문제4

23	72	315	98	367	157	471	213	130	429	314	126	249	465	403
415	528	416	336	472	417	343	420	216	483	499	406	438	115	521
491	378	405	301	158	253	469	480	254	397	219	333	250	505	327
113	225	412	452	244	479	133	25	446	105	517	423	203	214	527
467	360	413	266	481	439	329	453	519	490	221	238	305	523	430
247	451	468	326	122	215	486	243	369	288	337	450	454	134	512
131	368	189	223	313	411	30	251	418	241	515	224	419	524	353
440	294	477	273	466	114	237	473	129	482	159	442	492	123	409
303	489	401	124	421	293	447	255	425	34	311	356	227	388	410
153	350	426	463	165	154	448	261	304	443	408	474	252	257	432
435	495	487	279	132	434	235	529	402	379	163	26	392	545	259
441	324	291	407	428	342	335	393	298	171	539	381	427	475	462
511	229	436	175	541	144	504	306	542	309	457	328	234	551	308
371	533	334	535	116	364	437	476	384	444	118	493	455	445	497
207	513	537	125	485	270	414	168	248	464	389	307	351	554	147

로마서 2장 6~11절
하나님께서 각 사람에게 그 행한 대로 보응하시되 참고 선을 행하여 영광과 존귀와 썩지 아니함을 구하는 자에게는 영생으로 하시고 오직 당을 지어 진리를 따르지 아니하고 불의를 따르는 자에게는 진노와 분노로 하시리라 악을 행하는 각 사람의 영에는 환난과 곤고가 있으리니 먼저는 유대인에게요 그리고 헬라인에게며 선을 행하는 각 사람에게는 영광과 존귀와 평강이 있으리니 먼저는 유대인에게요 그리고 헬라인에게라 이는 하나님께서 외모로 사람을 취하지 아니하심이라

문제5

67	527	473	130	537	241	252	426	93	431	129	335	109	273	66
535	48	516	56	640	71	408	134	521	287	623	406	607	539	235
275	371	501	559	357	237	385	513	356	111	219	116	478	336	505
429	126	577	94	245	498	616	68	506	53	522	553	557	76	434
519	427	369	421	441	389	268	541	459	605	74	350	113	552	593
117	316	342	529	276	477	492	54	246	485	370	104	597	231	458
482	224	504	96	511	555	161	411	611	355	131	530	414	532	366
383	127	446	55	430	367	518	470	299	59	493	457	283	175	526
135	463	351	445	115	435	123	474	209	551	349	121	502	587	341
154	334	259	118	443	75	84	525	217	285	140	507	91	281	514
560	559	413	321	176	297	422	571	612	570	592	542	301	523	122
308	475	196	62	531	461	292	637	448	437	133	425	544	545	486
630	247	483	578	588	543	581	271	503	207	532	604	182	452	65
564	579	469	487	582	95	329	533	481	83	125	471	595	550	613
203	61	212	423	103	558	609	632	189	491	323	97	452	585	89

마가복음 11장 24절
그러므로 내가 너희에게 말하노니 무엇이든지 기도하고 구하는 것은 받은 줄로 믿으라 그리하면 너희에게 그대로 되리라

성경 테트리스

다음 규칙에 따라 정사각형 또는 직사각형(꺾인 직사각형 포함)으로 나눠 보세요.

규칙 : 1. 칸 속 단어의 글자 수는 사각형(정·직사각형)을 이루는 칸의 수와 일치해야 합니다.
2. 그림판의 칸이 하나도 남지 않도록 정사각형 또는 직사각형으로 나눕니다.
3. 하나의 정사각형 또는 직사각형에는 하나의 단어만 들어가야 합니다.
4. 정사각형이나 직사각형 안에서는 단어 배열을 자유롭게 할수 있습니다.

(예)

시편 27편에서

여호와는 나의 빛이요 나의 구원이시니 내가 누구를 두려워하리요 여호와는 내 생명의 능력이시니 내가 누구를 무서워하리요 내가 여호와께 바라는 한 가지 일 그것을 구하리니 곧 내가 내 평생에 여호와의 집에 살면서 여호와의 아름다움을 바라보며 그의 성전에서 사모하는 그것이라

	구원		집
	빛		
평생	성전		여호와
		아름다움	
생명의 능력			

구	원	아	집
평	빛	름	여
생	성	다	호
생	전	움	와
명	의	능	력

성경 테트리스

문제1

갈라디아서 1장 4, 5절

그리스도께서 하나님 곧 우리 아버지의 뜻을 따라 이 악한 세대에서 우리를 건지시려고 우리 죄를 대속하기 위하여 자기 몸을 주셨으니 영광이 그에게 세세토록 있을지어다 아멘

	아버지의 뜻		
	자기 몸을		
아멘		죄	
영광	그리스도	대속	

문제2

갈라디아서 6장 8~10절

자기의 육체를 위하여 심는 자는 육체로부터 썩어질 것을 거두고 성령을 위하여 심는 자는 성령으로부터 영생을 거두리라 우리가 선을 행하되 낙심하지 말지니 포기하지 아니하면 때가 이르매 거두리라 그러므로 우리는 기회 있는 대로 모든 이에게 착한 일을 하되 더욱 믿음의 가정들에게 할지니라

영생			거두리라
	심는자	성령	모든이
	선	믿음의 가정	

성경 테트리스

문제3

에베소서 2장 8~10절
너희는 그 은혜에 의하여 믿음으로 말미암아 구원을 받았으니 이것은 너희에게서 난 것이 아니요 하나님의 선물이라 행위에서 난 것이 아니니 이는 누구든지 자랑하지 못하게 함이라 우리는 그가 만드신 바라 그리스도 예수 안에서 선한 일을 위하여 지으심을 받은 자니 이 일은 하나님이 전에 예비하사 우리로 그 가운데서 행하게 하려 하심이니라

구원			
	선한일	믿음	예비하사
선물		은혜	예수 안에서

문제4

빌립보서 2장 1~4절
그러므로 그리스도 안에 무슨 권면이나 사랑의 무슨 위로나 성령의 무슨 교제나 긍휼이나 자비가 있거든 마음을 같이하여 같은 사랑을 가지고 뜻을 합하며 한마음을 품어 아무 일에든지 다툼이나 허영으로 하지 말고 오직 겸손한 마음으로 각각 자기보다 남을 낫게 여기고 각각 자기 일을 돌볼뿐더러 또한 각각 다른 사람들의 일을 돌보아 나의 기쁨을 충만하게 하라

충만		위로	
	뜻		한마음
남		교제	
		자비	겸손한 마음
긍휼			

성경 테트리스

문제5

빌립보서 3장 7~9절

그러나 무엇이든지 내게 유익하던 것을 내가 그리스도를 위하여 다 해로 여길뿐더러 또한 모든 것을 해로 여김은 내 주 그리스도 예수를 아는 지식이 가장 고상하기 때문이라 내가 그를 위하여 모든 것을 잃어버리고 배설물로 여김은 그리스도를 얻고 그 안에서 발견되려 함이니 내가 가진 의는 율법에서 난 것이 아니요 오직 그리스도를 믿음으로 말미암은 것이니 곧 믿음으로 하나님께로부터 난 의라

		예수	지식
	의		
	믿음		해
오직 그리스도			
모든것			배설물

문제6

빌립보서 4장 11~13절

내가 궁핍하므로 말하는 것이 아니니라 어떠한 형편에든지 나는 자족하기를 배웠노니 나는 비천에 처할 줄도 알고 풍부에 처할 줄도 알아 모든 일 곧 배부름과 배고픔과 풍부와 궁핍에도 처할 줄 아는 일체의 비결을 배웠노라 내게 능력 주시는 자 안에서 내가 모든 것을 할 수 있느니라

			궁핍
	일체의 비결		풍부
모든것			
능력		모든 것을	
		자족	

문제7

			감사	예수그리스도	십자가	
	영광을	주님께				
			달리다굼			
					성결	
	은혜	임마누엘	성령충만		긍휼	
온유		경건	거룩		천지창조	
		순종	평강			

문제8

			기도	충만		
	예루살렘			오병이어		성령
	사도행전			천국복음		
				기도에 항상 힘쓰며		
		아멘				
호산나	엠마오	진리		찬송	은혜	성령의 능력

문제9

사랑				그리 스도	은혜	
			소망		소망을	
		삼위 일체		주기 도문	굳게 잡아 라	
		에벤 에셀		진리		
요한 계시록	믿음			하나님 의자녀	감사	경건

문제10

호산나			평강			
			하나님 의은혜		온유	
네 자신 을			달란트		성령의 선물	
연단 하라		순종	엘리야			영광의 주를 찬양
솔로몬	이사 야			아멘		

정답

문제1

자	아	버	지
기	몸	을	의
아	멘	죄	뜻
영	리	스	도
광	그	대	속

문제2

영	거	두	리
생	자	성	라
심	는	령	모
믿	선	정	든
음	의	가	이

문제3

구	선	예	비
원	한	믿	하
선	일	음	사
물	은	혜	서
예	수	안	에

문제4

충	위	로	음
만	뜻	한	마
남	교	제	음
긍	자	비	마
휼	겸	손	한

문제5

직	오	예	지
그	의	수	식
리	믿	음	해
스	도	배	설
모	든	것	물

문제6

모	일	궁	핍
든	체	풍	부
것	의	모	든
능	비	것	을
력	결	자	족

문제7

영	주	님	감	예	십	자
광	을	께	사	수	그	가
달	리	다	굼	리	스	도
임	마	누	성	령	성	결
은	혜	엘	충	만	긍	휼
온	경	건	거	룩	천	지
유	순	종	평	강	창	조

문제8

예	루	기	도	충	만	성
살	렘	오	병	이	어	령
사	도	천	국	복	음	성
행	전	기	도	에	항	령
호	엠	상	힘	쓰	며	의
산	마	아	멘	찬	은	능
나	오	진	리	송	혜	력

문제9

사	그	리	스	도	은	혜
랑	삼	위	소	망	소	망
요	일	체	주	기	굳	을
한	에	벤	도	문	게	잡
계	에	셀	진	리	아	라
시	믿	하	나	님	감	경
록	음	의	자	녀	사	건

문제10

호	산	나	평	강	온	성
네	을	하	나	님	유	령
자	연	의	은	혜	선	의
신	단	순	달	란	물	영
라	하	종	엘	트	양	광
솔	로	이	리	야	찬	의
몬	야	사	아	멘	를	주

말씀카드 찾기

맨 아래 보기에는 4개의 단어를 한 묶음으로 하는 카드가 4장 있습니다. 카드 4장의 특징은 글자판과 달리 시계 방향으로 90도 돌아가 있다는 것입니다. 카드 4장 중 글자판에 있지 않은 것은 무엇인지 찾아 보세요.

문제1

화평	희락	사랑	화평	자비	양선	화평	희락
희락	인내	양선	인내	사랑	화평	희락	인내
사랑	양선	양선	희락	인내	화평	사랑	희락
화평	인내	희락	화평	자비	사랑	화평	인내
자비	사랑	인내	자비	인내	희락	자비	사랑
양선	자비	화평	사랑	희락	양선	양선	자비
화평	희락	사랑	화평	자비	양선	화평	희락
희락	인내	양선	인내	사랑	자비	희락	인내

〈보기〉

1

사랑	자비
화평	양선

2

화평	사랑
인내	양선

3

화평	인내
사랑	자비

4

화평	양선
사랑	자비

말씀카드 찾기

맨 아래 보기에는 4개의 단어를 한 묶음으로 하는 카드가 4장 있습니다. 카드 4장의 특징은 글자판과 달리 시계 방향으로 90도 돌아가 있다는 것입니다. 카드 4장 중 글자판에 있지 않은 것은 무엇인지 찾아 보세요.

문제2

평강	충성	진리	절제	충성	은혜	평강	충성
온유	평강	절제	은혜	온유	진리	온유	평강
진리	은혜	충성	온유	평강	진리	진리	은혜
온유	충성	은혜	절제	충성	평강	온유	충성
은혜	절제	평강	온유	절제	온유	은혜	절제
절제	진리	진리	평강	은혜	충성	충성	진리
평강	충성	진리	절제	충성	은혜	평강	충성
온유	평강	절제	은혜	온유	평강	온유	평강

〈보기〉

1

은혜	평강
충성	절제

2

온유	진리
충성	은혜

3

평강	온유
충성	절제

4

온유	충성
평강	은혜

말씀카드 찾기

맨 아래 보기에는 4개의 단어를 한 묶음으로 하는 카드가 4장 있습니다. 카드 4장의 특징은 글자판과 달리 시계 방향으로 90도 돌아가 있다는 것입니다. 카드 4장 중 글자판에 있지 않은 것은 무엇인지 찾아 보세요.

문제3

용서	감사	겸손	평강	용서	순종	용서	감사
감사	위로	순종	겸손	위로	평강	감사	위로
겸손	순종	순종	감사	평강	위로	겸손	순종
평강	겸손	감사	용서	겸손	용서	평강	겸손
용서	위로	평강	겸손	위로	감사	용서	위로
감사	평강	위로	용서	감사	순종	순종	평강
용서	감사	위로	평강	용서	순종	용서	감사
감사	위로	순종	겸손	위로	평강	감사	위로

〈보기〉

1

용서	순종
감사	평강

2

위로	겸손
용서	감사

3

순종	위로
겸손	평강

4

평강	순종
감사	용서

말씀카드 찾기

맨 아래 보기에는 4개의 단어를 한 묶음으로 하는 카드가 4장 있습니다. 카드 4장의 특징은 글자판과 달리 시계 방향으로 90도 돌아가 있다는 것입니다. 카드 4장 중 글자판에 있지 않은 것은 무엇인지 찾아 보세요.

문제4

소망	희락	소망	희락	믿음	화평	소망	희락
사랑	소망	믿음	사랑	화평	성결	사랑	소망
성결	사랑	사랑	믿음	소망	성결	성결	화평
화평	믿음	희락	화평	희락	소망	화평	믿음
사랑	희락	소망	사랑	화평	믿음	사랑	희락
믿음	성결	성결	소망	희락	사랑	믿음	성결
소망	희락	성결	희락	믿음	화평	소망	희락
사랑	소망	믿음	사랑	화평	성결	사랑	소망

〈보기〉

1

희락	화평
소망	믿음

2

믿음	소망
사랑	희락

3

믿음	사랑
성결	희락

4

믿음	성결
사랑	희락

말씀카드 찾기

맨 아래 보기에는 4개의 단어를 한 묶음으로 하는 카드가 4장 있습니다. 카드 4장의 특징은 글자판과 달리 시계 방향으로 90도 돌아가 있다는 것입니다. 카드 4장 중 글자판에 있지 않은 것은 무엇인지 찾아 보세요.

문제5

위로	절제	긍휼	지혜	경건	겸손	위로	절제
지혜	경건	겸손	위로	절제	긍휼	지혜	긍휼
절제	위로	경건	긍휼	겸손	긍휼	절제	위로
겸손	긍휼	지혜	절제	위로	경건	긍휼	겸손
경건	절제	위로	겸손	지혜	긍휼	절제	지혜
긍휼	지혜	긍휼	경건	절제	겸손	위로	경건
겸손	위로	절제	지혜	긍휼	경건	겸손	절제
위로	경건	겸손	절제	경건	위로	지혜	긍휼

〈보기〉

1

절제	긍휼
경건	겸손

2

겸손	절제
긍휼	위로

3

절제	긍휼
지혜	경건

4

위로	지혜
절제	경건

말씀카드 찾기

맨 아래 보기에는 4개의 단어를 한 묶음으로 하는 카드가 4장 있습니다. 카드 4장의 특징은 글자판과 달리 시계 방향으로 90도 돌아가 있다는 것입니다. 카드 4장 중 글자판에 있지 않은 것은 무엇인지 찾아 보세요.

문제6

인내	절제	희락	화평	절제	자비	온유	인내
화평	인내	온유	자비	희락	인내	화평	자비
절제	자비	희락	인내	온유	화평	절제	희락
자비	온유	화평	절제	자비	희락	인내	온유
화평	희락	자비	온유	인내	절제	자비	화평
인내	화평	절제	희락	화평	희락	희락	절제
온유	절제	인내	자비	희락	자비	온유	인내
희락	자비	화평	온유	절제	인내	희락	자비

〈보기〉

1

화평	희락
절제	인내

2

절제	화평
희락	자비

3

희락	온유
화평	절제

4

온유	희락
인내	절제

말씀카드 찾기

맨 아래 보기에는 4개의 단어를 한 묶음으로 하는 카드가 4장 있습니다. 카드 4장의 특징은 글자판과 달리 시계 방향으로 90도 돌아가 있다는 것입니다. 카드 4장 중 글자판에 있지 않은 것은 무엇인지 찾아 보세요.

문제7

기쁨	찬송	성결	온유	충만	기도	온유	성결
충만	기도	온유	기쁨	찬송	충만	성결	기도
온유	성결	기도	충만	온유	기쁨	찬송	기쁨
찬송	충만	기쁨	찬송	기도	성결	충만	온유
기도	기쁨	온유	성결	충만	찬송	기쁨	기도
성결	충만	기쁨	기도	기쁨	온유	성결	충만
기쁨	찬송	기쁨	충만	성결	기도	온유	찬송
충만	성결	기도	온유	찬송	기쁨	충만	성결

〈보기〉

1

충만	기쁨
온유	찬송

2

기도	성결
찬송	충만

3

충만	기도
찬송	성결

4

기도	찬송
기쁨	충만

말씀카드 찾기

맨 아래 보기에는 4개의 단어를 한 묶음으로 하는 카드가 4장 있습니다. 카드 4장의 특징은 글자판과 달리 시계 방향으로 90도 돌아가 있다는 것입니다. 카드 4장 중 글자판에 있지 않은 것은 무엇인지 찾아 보세요.

문제8

충만	예수	성령	믿음	사랑	성화	충만	예수
성령	사랑	충만	예수	충만	성령	믿음	사랑
믿음	예수	예수	성화	예수	믿음	성화	성령
성화	충만	믿음	성령	사랑	충만	예수	성화
사랑	성령	예수	충만	믿음	성화	사랑	충만
예수	믿음	성화	사랑	성령	예수	충만	믿음
충만	성화	성령	예수	충만	사랑	성령	성화
성령	사랑	충만	믿음	성화	예수	믿음	성령

〈보기〉

1

충만	성령
믿음	예수

2

성령	충만
성화	믿음

3

성령	충만
사랑	예수

4

믿음	예수
충만	성화

정답

문제1

화평	희락	사랑	화평	자비	양선	화평	희락
희락	인내	양선	인내	사랑	화평	희락	인내
사랑	양선	양선	희락	인내	화평	사랑	희락
화평	인내	희락	화평	자비	사랑	화평	인내
자비	사랑	인내	자비	인내	희락	자비	사랑
양선	자비	화평	사랑	희락	양선	양선	자비
화평	희락	사랑	화평	자비	양선	화평	희락
희락	인내	양선	인내	사랑	자비	희락	인내

1

사랑	자비
화평	양선

2

화평	사랑
인내	양선

3

화평	인내
사랑	자비

4

화평	양선
사랑	자비

답 (4)

문제2

평강	충성	진리	절제	충성	은혜	평강	충성
온유	평강	절제	은혜	온유	진리	온유	평강
진리	은혜	충성	온유	평강	진리	진리	은혜
온유	충성	은혜	절제	충성	평강	온유	충성
은혜	절제	평강	온유	절제	온유	은혜	절제
절제	진리	진리	평강	은혜	충성	충성	진리
평강	충성	진리	절제	충성	은혜	평강	충성
온유	평강	절제	은혜	온유	평강	온유	평강

1

은혜	평강
충성	절제

2

온유	**진리**
충성	**은혜**

3

평강	온유
충성	절제

4

온유	충성
평강	은혜

답 (3)

문제3

용서	감사	겸손	평강	용서	순종	용서	감사
감사	위로	순종	겸손	위로	평강	감사	위로
겸손	순종	순종	감사	평강	위로	겸손	순종
평강	겸손	감사	용서	겸손	용서	평강	겸손
용서	위로	평강	겸손	위로	감사	용서	위로
감사	평강	위로	용서	감사	순종	순종	평강
용서	감사	위로	평강	용서	순종	용서	감사
감사	위로	순종	겸손	위로	평강	감사	위로

1

용서	순종
감사	평강

2

위로	겸손
용서	감사

3

순종	위로
겸손	평강

4

평강	순종
감사	용서

답 (2)

문제4

소망	희락	소망	희락	믿음	화평	소망	희락
사랑	소망	믿음	사랑	화평	성결	사랑	소망
성결	사랑	사랑	믿음	소망	성결	성결	화평
화평	믿음	희락	화평	희락	소망	화평	믿음
사랑	희락	소망	사랑	화평	믿음	사랑	희락
믿음	성결	성결	소망	희락	사랑	믿음	성결
소망	희락	성결	희락	믿음	화평	소망	희락
사랑	소망	믿음	사랑	화평	성결	사랑	소망

1

희락	화평
소망	믿음

2

믿음	소망
사랑	희락

3

믿음	사랑
성결	희락

4

믿음	성결
사랑	희락

답 (1)

문제5

위로	절제	긍휼	지혜	경건	겸손	위로	절제
지혜	경건	겸손	위로	절제	긍휼	지혜	긍휼
절제	위로	경건	긍휼	겸손	긍휼	절제	위로
겸손	긍휼	지혜	절제	위로	경건	긍휼	겸손
경건	절제	위로	겸손	지혜	긍휼	절제	지혜
긍휼	지혜	긍휼	경건	절제	겸손	위로	경건
겸손	위로	절제	지혜	긍휼	경건	겸손	절제
위로	경건	겸손	절제	경건	위로	지혜	긍휼

1

절제	긍휼
경건	겸손

2

겸손	절제
긍휼	위로

3

절제	긍휼
지혜	경건

4

위로	지혜
절제	경건

답 (1)

문제6

인내	절제	희락	화평	절제	자비	온유	인내
화평	인내	온유	자비	희락	인내	화평	자비
절제	자비	희락	인내	온유	화평	절제	희락
자비	온유	화평	절제	자비	희락	인내	온유
화평	희락	자비	온유	인내	절제	자비	화평
인내	화평	절제	희락	화평	희락	희락	절제
온유	절제	인내	자비	희락	자비	온유	인내
희락	자비	화평	온유	절제	인내	희락	자비

1

화평	희락
절제	인내

2

절제	화평
희락	자비

3

희락	온유
화평	절제

4

온유	희락
인내	절제

답 (3)

문제7

기쁨	찬송	성결	온유	충만	기도	온유	성결
충만	기도	온유	기쁨	찬송	충만	성결	기도
온유	성결	기도	충만	온유	기쁨	찬송	기쁨
찬송	충만	기쁨	찬송	기도	성결	충만	온유
기도	기쁨	온유	성결	충만	찬송	기쁨	기도
성결	충만	기쁨	기도	기쁨	온유	성결	충만
기쁨	찬송	기쁨	충만	성결	기도	온유	찬송
충만	성결	기도	온유	찬송	기쁨	충만	성결

1

충만	기쁨
온유	찬송

2

기도	성결
찬송	충만

3

충만	기도
찬송	성결

4

기도	찬송
기쁨	충만

답 (2)

문제8

충만	예수	성령	믿음	사랑	성화	충만	예수
성령	사랑	충만	예수	충만	성령	믿음	사랑
믿음	예수	예수	성화	예수	믿음	성화	성령
성화	충만	믿음	성령	사랑	충만	예수	성화
사랑	성령	예수	충만	믿음	성화	사랑	충만
예수	믿음	성화	사랑	성령	예수	충만	믿음
충만	성화	성령	예수	충만	사랑	성령	성화
성령	사랑	충만	믿음	성화	예수	믿음	성령

1

충만	성령
믿음	예수

2

성령	충만
성화	믿음

3

성령	충만
사랑	예수

4

믿음	예수
충만	성화

답 (4)

외곽과 중앙 매칭하기

중앙에 있는 글자판 속의 어느 한 글자는 외곽을 둘러싼 격자판 속 연속된 글자 가운데 첫 글자입니다. 외곽 격자판에 있는 글자의 순서는 뒤죽박죽입니다. 중앙의 글자와 외곽의 연속된 글자를 찾아서 성경 문구를 완성해 보세요.

(예)

의	법	와	율	호	맺
는					며
람		모	복		를
있		열	여		으
사					매
이	통	일	형	든	다

모든 일이 다 형통
복있는 사람
열매를 맺으며
여호와의 율법

문제1

음	나	의	복	님	그
의					수
망		죄	하		도
나		예	소		리
님					스
하	망	삯	사	의	은

문제2

님	께	종	나	순	예
만					파
령		주	일		를
충		성	하		전
의					수
함	으	나	걸	어	라

외곽과 중앙 매칭하기

중앙에 있는 글자판 속의 어느 한 글자는 외곽을 둘러싼 격자판 속 연속된 글자 가운데 첫 글자입니다. 외곽 격자판에 있는 글자의 순서는 뒤죽박죽입니다. 중앙의 글자와 외곽의 연속된 글자를 찾아서 성경 문구를 완성해 보세요.

문제3

에	라	으	받	원	을	리
안						강
영						평
생						락
는						와
있						과
명	의	령	성	법	의	희

구	생
의	주

문제4

일	의	나	님	라	나	수
받						예
을						라
사						으
함						믿
라						를
으	로	절	한	으	음	마

죄	하
간	주

정답

문제1

음	나	의	복	님	그
의					수
망		죄	하		도
나		예	소		리
님					스
하	망	삯	사	의	은

죄의 삯은 사망
하나님의 복음
예수 그리스도
소망의 하나님

문제2

님	께	종	나	순	예
만					파
령		주	성		를
충		일	하		전
의					수
함	으	나	걸	어	라

주 예수를 전파
성령의 충만함
일어나 걸으라
하나님께 순종

문제3

에	라	으	받	원	을	리
안						강
영		구	생			평
생		의	주			락
는						와
있						과
명	의	령	성	법	의	희

구원을 받으리라
생명의 성령의 법
의와 평강과 희락
주안에 있는 영생

문제4

일	의	나	님	라	나	수
받						예
을						라
사			죄	하		으
함			간	주		믿
라						를
으	로	절	한	으	음	마

죄 사함을 받으라
하나님의 나라일
간절한 마음으로
주예수를 믿으라

한 줄에 연속된 4개는 안 돼

아래 퍼즐판에는 2종류 단어를 볼 수 있는데, 일부는 이미 쓰여져 있으며, 나머지 빈칸에도 같은 2종류 단어를 집어넣는 퍼즐입니다. 단, 상하좌우 그리고 대각선으로 같은 단어 4개가 연속으로 들어가면 안 됩니다.

문제1

사랑	소망		사랑	사랑	사랑	소망	사랑
			사랑				사랑
사랑	사랑	소망	사랑		사랑		사랑
사랑	소망	사랑	소망			사랑	소망
	소망		사랑		사랑		사랑
사랑	사랑			소망	사랑		소망
사랑			사랑	소망	사랑	소망	사랑
사랑	소망	소망	사랑	사랑	소망	사랑	사랑

문제2

평강	평강	평강	절제	평강	절제	평강	평강
절제			평강			절제	평강
평강		평강		평강	평강	평강	절제
평강					절제	절제	평강
평강	평강	평강	절제	평강		평강	평강
		절제	평강				절제
절제		평강	절제	절제	평강		절제
평강		평강	평강		평강	평강	평강

한 줄에 연속된 4개는 안 돼

아래 퍼즐판에는 2종류 단어를 볼 수 있는데, 일부는 이미 쓰여져 있으며, 나머지 빈칸에도 같은 2종류 단어를 집어넣는 퍼즐입니다. 단, 상하좌우 그리고 대각선으로 같은 단어 4개가 연속으로 들어가면 안 됩니다.

문제3

사랑	사랑	사랑		사랑	사랑		사랑
소망		사랑	소망	소망	사랑		소망
소망				사랑	소망	소망	소망
사랑	사랑		사랑	소망	사랑	사랑	사랑
사랑	소망	소망					사랑
소망	사랑	사랑	사랑		사랑		사랑
사랑	소망			사랑			소망
사랑	사랑	소망	사랑	소망	사랑	사랑	사랑

문제4

평강	평강	절제	평강	평강	절제	절제	평강
평강	절제	평강	절제	평강			평강
절제		평강	절제			평강	평강
평강		평강		평강		절제	
절제	평강			절제	평강	절제	평강
평강		평강		평강	절제	평강	평강
평강				평강			
평강	절제	평강	평강	평강		절제	평강

정답

문제1

사랑	소망	소망	사랑	사랑	사랑	소망	사랑
소망	사랑	소망	사랑	소망	사랑	소망	사랑
사랑	사랑	소망	사랑	소망	사랑	사랑	사랑
사랑	소망	사랑	소망	사랑	소망	사랑	소망
소망	소망	사랑	사랑	소망	사랑	사랑	사랑
사랑	사랑	소망	소망	소망	사랑	소망	소망
사랑	소망	사랑	사랑	소망	사랑	소망	사랑
사랑	소망	소망	사랑	사랑	소망	사랑	사랑

문제2

평강	평강	평강	절제	평강	절제	평강	평강
절제	절제	평강	평강	평강	절제	절제	평강
평강	평강	평강	절제	평강	평강	평강	절제
평강	절제	절제	평강	절제	절제	절제	평강
평강	평강	평강	절제	평강	절제	평강	평강
절제	절제	절제	평강	평강	절제	평강	절제
절제	평강	평강	절제	절제	평강	절제	절제
평강	절제	평강	평강	절제	평강	평강	평강

문제3

사랑	사랑	사랑	소망	사랑	사랑	소망	사랑
소망	소망	사랑	소망	소망	사랑	사랑	소망
소망	사랑	소망	사랑	사랑	소망	소망	소망
사랑	사랑	소망	사랑	소망	사랑	사랑	사랑
사랑	소망	소망	소망	사랑	소망	소망	사랑
소망	사랑	사랑	사랑	소망	사랑	사랑	사랑
사랑	소망	소망	사랑	사랑	사랑	소망	소망
사랑	사랑	소망	사랑	소망	사랑	사랑	사랑

문제4

평강	평강	절제	평강	평강	절제	절제	평강
평강	절제	평강	절제	평강	평강	절제	평강
절제	절제	평강	절제	절제	절제	평강	평강
평강	평강	평강	절제	평강	평강	절제	절제
절제	평강	절제	평강	절제	평강	절제	평강
평강	평강	평강	절제	평강	절제	평강	평강
평강	절제	평강	절제	평강	절제	평강	절제
평강	절제	평강	평강	평강	절제	절제	평강

쌍둥이 그룹 찾기 A

아래 A ~ G의 그룹에는 각각 9개의 단어가 쓰여 있는데 서로 같은 단어들이 있는 그룹이 2개 있습니다. 어느 것인지 찾아보세요.

문제1

A	사랑	희락	화평	인내	자비	양선	충성	온유	절제
B	인내	절제	성결	화평	충성	온유	양선	희락	자비
C	감사	사랑	희락	자비	인내	성결	화평	충성	온유
D	자비	희락	감사	성결	온유	양선	절제	사랑	충성
E	절제	양선	인내	희락	성결	충성	화평	자비	사랑
F	온유	자비	화평	성결	인내	희락	충성	사랑	감사
G	양선	감사	성결	자비	화평	사랑	온유	절제	인내

쌍둥이 그룹 찾기 A

아래 A ~ G의 그룹에는 각각 9개의 단어가 쓰여 있는데 서로 같은 단어들이 있는 그룹이 2개 있습니다. 어느 것인지 찾아보세요.

문제2

A	믿음	소망	사랑	위로	순종	감사	긍휼	자비	충성
B	평강	믿음	소망	순종	위로	은혜	사랑	긍휼	자비
C	위로	충성	은혜	사랑	긍휼	자비	감사	소망	순종
D	순종	소망	평강	은혜	자비	감사	충성	믿음	긍휼
E	충성	감사	위로	소망	은혜	긍휼	사랑	순종	믿음
F	감사	평강	은혜	순종	사랑	믿음	자비	충성	위로
G	자비	순종	사랑	은혜	위로	소망	긍휼	믿음	평강

쌍둥이 그룹 찾기 A

아래 A ~ G의 그룹에는 각각 9개의 단어가 쓰여 있는데 서로 같은 단어들이 있는 그룹이 2개 있습니다. 어느 것인지 찾아보세요.

문제3

A	찬양	기도	위로	말씀	성결	평강	온유	인내	진리
B	말씀	진리	인도	위로	온유	인내	평강	기도	성결
C	성결	기도	감사	인도	인내	평강	진리	찬양	온유
D	감사	찬양	기도	성결	말씀	인도	위로	온유	인내
E	진리	성결	평강	기도	인도	온유	위로	성결	찬양
F	인내	성결	위로	인도	말씀	기도	온유	찬양	감사
G	평강	감사	인도	성결	위로	찬양	인내	진리	말씀

쌍둥이 그룹 찾기 A

아래 A ~ G의 그룹에는 각각 9개의 단어가 쓰여 있는데 서로 같은 단어들이 있는 그룹이 2개 있습니다. 어느 것인지 찾아보세요.

문제4

A	인도	충성	절제	용서	화평	찬송	희락	경건	은혜
B	화평	감사	찬송	희락	경건	은혜	온유	절제	용서
C	충성	절제	희락	화평	용서	온유	경건	은혜	감사
D	용서	절제	인도	찬송	은혜	온유	감사	충성	경건
E	감사	온유	화평	절제	찬송	경건	희락	용서	충성
F	은혜	용서	희락	찬송	화평	절제	경건	충성	인도
G	온유	인도	찬송	용서	희락	충성	은혜	감사	화평

쌍둥이 그룹 찾기 A

아래 A ~ G의 그룹에는 각각 9개의 단어가 쓰여 있는데 서로 같은 단어들이 있는 그룹이 2개 있습니다. 어느 것인지 찾아보세요.

문제5

A	진리	인도	감사	기쁨	사랑	소망	성결	온유	화평
B	기쁨	화평	자비	감사	성결	온유	소망	인도	사랑
C	양선	진리	인도	사랑	기쁨	자비	감사	성결	온유
D	사랑	인도	양선	자비	온유	소망	화평	진리	성결
E	화평	소망	기쁨	인도	자비	성결	감사	사랑	진리
F	소망	양선	자비	사랑	감사	진리	온유	화평	기쁨
G	온유	사랑	감사	자비	기쁨	인도	성결	진리	양선

쌍둥이 그룹 찾기 A

아래 A ~ G의 그룹에는 각각 9개의 단어가 쓰여 있는데 서로 같은 단어들이 있는 그룹이 2개 있습니다. 어느 것인지 찾아보세요.

문제6

A	믿음	소망	사랑	희락	화평	인내	자비	양선	온유
B	긍휼	믿음	소망	화평	희락	절제	사랑	자비	양선
C	희락	온유	절제	사랑	자비	양선	인내	소망	화평
D	화평	소망	긍휼	절제	양선	인내	온유	믿음	자비
E	양선	화평	사랑	절제	희락	소망	자비	믿음	긍휼
F	온유	인내	희락	소망	절제	자비	사랑	화평	믿음
G	인내	긍휼	절제	화평	사랑	믿음	양선	온유	희락

쌍둥이 그룹 찾기 B

1~9까지 보기에는 각각 9개씩 단어 4종류가 있습니다. 보기 9개 중 8개는 같은 단어 배열을 하는 것들이 둘씩 짝을 이루고 있어 4쌍을 이룹니다. 쌍을 이루는 보기들은 좌 또는 우로 돌아가 있습니다. 쌍을 이루지 못하는 외톨이는 어느 것인지 찾아보세요.

문제1

1

말씀	은혜	기도
말씀	기도	찬양
은혜	은혜	찬양

2

말씀	찬양	기도
말씀	말씀	찬양
은혜	은혜	찬양

3

찬양	말씀	은혜
찬양	기도	찬양
기도	은혜	기도

4

기도	찬양	찬양
은혜	기도	말씀
기도	찬양	은혜

5

기도	은혜	은혜
말씀	찬양	기도
찬양	말씀	은혜

6

기도	은혜	말씀
찬양	기도	말씀
은혜	찬양	은혜

7

은혜	말씀	찬양
기도	찬양	말씀
은혜	은혜	기도

8

은혜	말씀	말씀
은혜	말씀	찬양
찬양	찬양	기도

9

말씀	말씀	은혜
은혜	기도	찬양
기도	찬양	은혜

쌍둥이 그룹 찾기 B

1~9까지 보기에는 각각 9개씩 단어 4종류가 있습니다. 보기 9개 중 8개는 같은 단어 배열을 하는 것들이 둘씩 짝을 이루고 있어 4쌍을 이룹니다. 쌍을 이루는 보기들은 좌 또는 우로 돌아가 있습니다. 쌍을 이루지 못하는 외톨이는 어느 것인지 찾아보세요.

문제2

1

자비	긍휼	양선
자비	자비	긍휼
평강	평강	긍휼

2

자비	평강	양선
자비	양선	긍휼
평강	평강	긍휼

3

양선	평강	자비
긍휼	양선	자비
평강	긍휼	평강

4

양선	긍휼	긍휼
평강	양선	자비
양선	긍휼	평강

5

긍휼	자비	평강
긍휼	양선	긍휼
양선	평강	양선

6

양선	평강	평강
자비	긍휼	양선
긍휼	자비	평강

7

평강	자비	긍휼
양선	긍휼	자비
평강	평강	양선

8

자비	자비	평강
평강	양선	긍휼
양선	긍휼	평강

9

평강	자비	자비
평강	자비	긍휼
긍휼	긍휼	양선

쌍둥이 그룹 찾기 B

1~9까지 보기에는 각각 9개씩 단어 4종류가 있습니다. 보기 9개 중 8개는 같은 단어 배열을 하는 것들이 둘씩 짝을 이루고 있어 4쌍을 이룹니다. 쌍을 이루는 보기들은 좌 또는 우로 돌아가 있습니다. 쌍을 이루지 못하는 외톨이는 어느 것인지 찾아보세요.

문제3

1

위로	온유	경건
위로	인내	위로
인내	경건	인내

2

온유	위로	인내
온유	온유	위로
경건	경건	위로

3

온유	경건	인내
온유	인내	위로
경건	경건	위로

4

인내	경건	온유
위로	인내	온유
경건	위로	경건

5

인내	위로	위로
경건	인내	온유
인내	위로	경건

6

경건	온유	위로
인내	위로	온유
경건	경건	인내

7

경건	온유	온유
경건	온유	위로
위로	위로	인내

8

온유	온유	경건
경건	인내	위로
인내	위로	경건

9

인내	경건	경건
온유	위로	인내
위로	온유	경건

쌍둥이 그룹 찾기 B

1~9까지 보기에는 각각 9개씩 단어 4종류가 있습니다. 보기 9개 중 8개는 같은 단어 배열을 하는 것들이 둘씩 짝을 이루고 있어 4쌍을 이룹니다. 쌍을 이루는 보기들은 좌 또는 우로 돌아가 있습니다. 쌍을 이루지 못하는 외톨이는 어느 것인지 찾아보세요.

문제4

1

충성	절제	은혜
진리	충성	은혜
절제	진리	절제

2

충성	진리	진리
절제	충성	은혜
충성	진리	절제

3

충성	절제	충성
진리	충성	진리
절제	은혜	진리

4

은혜	진리	충성
은혜	은혜	진리
절제	절제	진리

5

은혜	절제	충성
은혜	충성	진리
절제	절제	진리

6

은혜	은혜	절제
절제	충성	진리
충성	진리	절제

7

충성	절제	절제
은혜	진리	충성
진리	은혜	절제

8

절제	은혜	은혜
절제	은혜	진리
진리	진리	충성

9

절제	은혜	진리
충성	진리	은혜
절제	절제	충성

쌍둥이 그룹 찾기 C

아래의 보기 A, B, C, D, E 중 4개는 둘씩 포함된 단어의 짝이 맞습니다. 짝이 없는 한 그룹은 어떤 것일까요?

문제1

A	순수한 마음	온유한 태도	겸손한 인격	경건한 신앙	의로운 삶
B	경건한 신앙	의로운 삶	영적인 가치	겸손한 인격	온유한 태도
C	의로운 삶	온유한 태도	경건한 신앙	순수한 마음	영적인 가치
D	경건한 신앙	겸손한 인격	온유한 태도	의로운 삶	순수한 마음
E	온유한 태도	순수한 마음	의로운 삶	영적인 가치	경건한 신앙

쌍둥이 그룹 찾기 C

아래의 보기 A, B, C, D, E 중 4개는 둘씩 포함된 단어의 짝이 맞습니다. 짝이 없는 한 그룹은 어떤 것일까요?

문제2

A	진실된 믿음	주님의 손길	사랑의 실천	자비로운 사람	온전한 헌신
B	주님의 손길	십자가 은혜	자비로운 사람	사랑의 실천	예수님 사랑
C	자비로운 사람	주님의 손길	온전한 헌신	진실된 믿음	사랑의 실천
D	사랑의 실천	온전한 헌신	진실된 믿음	주님의 손길	십자가 은혜
E	예수님 사랑	자비로운 사람	주님의 손길	십자가 은혜	사랑의 실천

쌍둥이 그룹 찾기 C

아래의 보기 A, B, C, D, E 중 4개는 둘씩 포함된 단어의 짝이 맞습니다. 짝이 없는 한 그룹은 어떤 것일까요?

문제3

A	하나님의 평강	범사에 감사	그리스도의 능력	말씀과 삶	성령님의 인도
B	범사에 감사	말씀과 삶	축복의 통로	그리스도의 능력	복된 말씀
C	그리스도의 능력	복된 말씀	범사에 감사	하나님의 평강	축복의 통로
D	말씀과 삶	하나님의 평강	성령님의 인도	범사에 감사	그리스도의 능력
E	하나님의 평강	축복의 통로	그리스도의 능력	복된 말씀	범사에 감사

쌍둥이 그룹 찾기 C

아래의 보기 A, B, C, D, E 중 4개는 둘씩 포함된 단어의 짝이 맞습니다. 짝이 없는 한 그룹은 어떤 것일까요?

문제4

A	새로운 피조물	천국의 열쇠	믿음의 경주	여호와 경외	예수님 찬양
B	하나님 나라	여호와 경외	새로운 피조물	거룩한 백성	천국의 열쇠
C	거룩한 백성	믿음의 경주	천국의 열쇠	하나님 나라	여호와 경외
D	여호와 경외	예수님 찬양	새로운 피조물	천국의 열쇠	믿음의 경주
E	천국의 열쇠	거룩한 백성	하나님 나라	여호와 경외	새로운 피조물

쌍둥이 그룹 찾기 C

아래의 보기 A, B, C, D, E 중 4개는 둘씩 포함된 단어의 짝이 맞습니다. 짝이 없는 한 그룹은 어떤 것일까요?

문제5

A	범사에 그를 인정하라	항상 기뻐하라	쉬지말고 기도하라	범사에 감사하라	강하고 담대하라
B	강하고 담대하라	모든 일을 기도와 간구로	그의 나라와 의를 구하라	범사에 그를 인정하라	쉬지말고 기도하라
C	범사에 감사하라	그의 나라와 의를 구하라	항상 기뻐하라	강하고 담대하라	모든 일을 기도와 간구로
D	쉬지말고 기도하라	범사에 그를 인정하라	강하고 담대하라	모든 일을 기도와 간구로	그의 나라와 의를 구하라
E	모든 일을 기도와 간구로	강하고 담대하라	범사에 감사하라	그의 나라와 의를 구하라	항상 기뻐하라

쌍둥이 그룹 찾기 C

아래의 보기 A, B, C, D, E 중 4개는 둘씩 포함된 단어의 짝이 맞습니다. 짝이 없는 한 그룹은 어떤 것일까요?

문제6

A	너는 축복의 씨앗	여호와를 기뻐하라	네 소망을 하늘에 두라	온전히 인내를 이루라	오직 성령 안에서
B	두려워 하지말라	네 검을여호와께 맡기라	오직 성령 안에서	너는 축복의 씨앗	온전히 인내를 이루라
C	네 소망을 하늘에 두라	너는 축복의 씨앗	여호와를 기뻐하라	온전히 인내를 이루라	오직 성령 안에서
D	오직 성령 안에서	두려워 하지말라	온전히 인내를 이루라	네 검을 여호와께 맡기라	너는 축복의 씨앗
E	온전히 인내를 이루라	오직 성령 안에서	두려워 하지말라	네 소망을 하늘에 두라	여호와를 기뻐하라

정답

쌍둥이 그룹 찾기 A

문제1
C,F

문제2
B,G

문제3
D,F

문제4
A,F

문제5
C,G

문제6
B,E

쌍둥이 그룹 찾기 B

문제1
1 (2-8, 3-4, 5-7, 6-9)

문제2
2 (1-9, 3-8, 4-5, 6-7)

문제3
3 (1-5, 2-7, 4-8, 6-9)

문제4
5 (1-6, 2-3, 4-8, 7-9)

쌍둥이 그룹 찾기 C

문제1
B (A-D, C-E)

문제2
D (A-C, B-E)

문제3
B (A-D, C-E)

문제4
C (A-D, B-E)

문제5
A (B-D, C-E)

문제6
E (A-C, B-D)

다이아몬드

음영으로 표시된 다이아몬드 형상 격자판에서 5자로 된 성경문구를 찾아보세요. 문구는 가로 또는 세로로 연결되어 있습니다. 조건에 맞는 5자의 성경문구가 다이아몬드 형상 안에 몇 개가 있는지 찾아보세요.

문제1

예수님 찬양

			예			
		예	수	님		
	님	찬	양	예	수	
예	수	님	찬	양	예	예
	님	찬	양	찬		
		예	수	님		
			예			

문제2

주님께 영광

			주			
		주	님	께		
	께	영	광	영	님	
주	님	께	영	광	주	주
	주	영	광	영	님	
		주	님	께		
			주			

다이아몬드

음영으로 표시된 다이아몬드 형상 격자판에서 5자로 된 성경문구를 찾아보세요. 문구는 가로 또는 세로로 연결되어 있습니다. 조건에 맞는 5자의 성경문구가 다이아몬드 형상 안에 몇 개가 있는지 찾아보세요.

문제3

은혜와 진리

			은			
		와	혜	와		
	리	진	와	진	리	
은	혜	와	진	리	은	은
	혜	와	진	리	은	
		혜	은	진		
			와			

문제4

마음의 묵상

			마			
		묵	의	음		
	마	상	음	마	음	
마	음	의	묵	상	의	마
	마	묵	의	상	묵	
		마	음	묵		
			마			

다이아몬드

음영으로 표시된 다이아몬드 형상 격자판에서 5자로 된 성경문구를 찾아보세요. 문구는 가로 또는 세로로 연결되어 있습니다. 조건에 맞는 5자의 성경문구가 다이아몬드 형상 안에 몇 개가 있는지 찾아보세요.

문제5

선을 행하라

			선			
		선	을	행		
	행	하	행	하	선	
선	을	라	하	라	을	선
	선	하	라	하	행	
		생	을	선		
			선			

문제6

안전한 지대

			안			
		지	한	지		
	한	대	전	대	한	
안	전	대	안	지	대	전
	한	지	전	한	안	
		지	한	전		
			대			

다이아몬드

음영으로 표시된 다이아몬드 형상 격자판에서 5자로 된 성경문구를 찾아보세요. 문구는 가로 또는 세로로 연결되어 있습니다. 조건에 맞는 5자의 성경문구가 다이아몬드 형상 안에 몇 개가 있는지 찾아보세요.

문제7

지켜 주소서

			지			
		주	켜	지		
	켜	소	주	켜	소	
지	주	서	소	주	주	지
	주	켜	서	소	서	
		지	켜	주		
			지			

문제8

공의를 실천

			공			
		천	실	를		
	천	실	천	의	를	
공	의	를	실	공	의	공
	공	의	를	실	공	
		공	의	를		
			공			

정답

문제1

예수님 찬양 9개

정답 예시

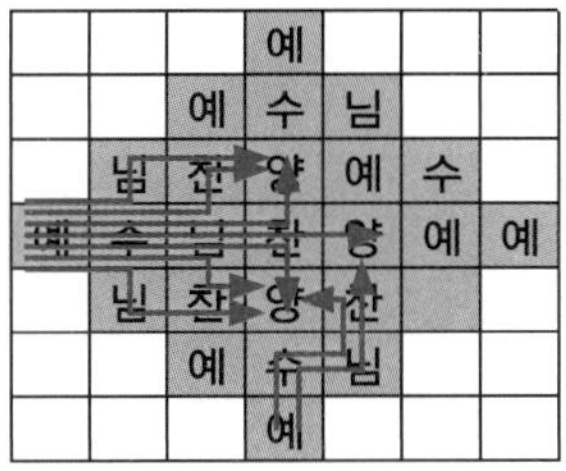

문제2

주님께 영광 12개

문제3

은혜와 진리 9개

문제4

마음의 묵상 7개

문제5

선을 행하라 12개

문제6

안전한 지대 5개

문제7

지켜주소서 10개

문제8

공의를 실천 12개

이진법

퍼즐판 위에 2종류 단어를 써넣는 퍼즐입니다. 모든 열과 행에 쓰여진 2종류 단어 숫자가 같도록 만들어 보세요. 단, 각 열과 행에 단어가 연이어 2개 넘게 들어가면 안 됩니다. 일부 칸에는 이미 조건에 맞는 단어가 있습니다.

문제1

평강	온유					평강	평강
평강	온유	평강		평강			평강
온유							
온유	온유		온유			평강	
	평강			평강		온유	온유
							평강
온유			온유		평강	온유	온유
평강	평강					온유	온유

이진법

퍼즐판 위에 2종류 단어를 써넣는 퍼즐입니다. 모든 열과 행에 쓰여진 2종류 단어 숫자가 같도록 만들어 보세요. 단, 각 열과 행에 단어가 연이어 2개 넘게 들어가면 안 됩니다. 일부 칸에는 이미 조건에 맞는 단어가 있습니다.

문제2

감사	감사			은혜	감사	은혜	은혜
감사			감사	은혜		은혜	은혜
						감사	
	감사			감사			
			은혜			은혜	
	감사						
은혜	은혜		은혜	감사			감사
감사	감사	은혜	은혜			은혜	감사

이진법

퍼즐판 위에 2종류 단어를 써넣는 퍼즐입니다. 모든 열과 행에 쓰여진 2종류 단어 숫자가 같도록 만들어 보세요. 단, 각 열과 행에 단어가 연이어 2개 넘게 들어가면 안 됩니다. 일부 칸에는 이미 조건에 맞는 단어가 있습니다.

문제3

<table>
<tr><td>믿음</td><td>믿음</td><td></td><td></td><td></td><td></td><td>소망</td><td>소망</td></tr>
<tr><td>믿음</td><td>믿음</td><td>소망</td><td></td><td>믿음</td><td></td><td></td><td>믿음</td></tr>
<tr><td>소망</td><td></td><td></td><td></td><td></td><td></td><td></td><td></td></tr>
<tr><td>믿음</td><td>믿음</td><td></td><td>소망</td><td></td><td></td><td></td><td></td></tr>
<tr><td></td><td>소망</td><td></td><td></td><td>믿음</td><td></td><td>믿음</td><td>믿음</td></tr>
<tr><td></td><td></td><td></td><td></td><td></td><td></td><td></td><td>믿음</td></tr>
<tr><td>소망</td><td></td><td></td><td>소망</td><td></td><td>소망</td><td>믿음</td><td>소망</td></tr>
<tr><td>소망</td><td>소망</td><td></td><td></td><td></td><td></td><td>믿음</td><td>소망</td></tr>
</table>

이진법

퍼즐판 위에 2종류 단어를 써넣는 퍼즐입니다. 모든 열과 행에 쓰여진 2종류 단어 숫자가 같도록 만들어 보세요. 단, 각 열과 행에 단어가 연이어 2개 넘게 들어가면 안 됩니다. 일부 칸에는 이미 조건에 맞는 단어가 있습니다.

문제4

양선	자비			자비	자비	양선	양선
양선			양선	자비		자비	자비
						양선	
	자비			자비			
			양선			양선	
	양선						
자비	자비		자비	양선			양선
자비	자비	양선	자비			양선	양선

정답

문제1

평강	온유	온유	평강	온유	온유	평강	평강
평강	온유	평강	온유	평강	온유	온유	평강
온유	평강	온유	평강	온유	평강	평강	온유
온유	온유	평강	온유	평강	온유	평강	평강
평강	평강	온유	온유	평강	평강	온유	온유
온유	온유	평강	평강	온유	온유	평강	평강
온유	평강	평강	온유	온유	평강	온유	온유
평강	평강	온유	평강	온유	평강	온유	온유

문제2

감사	감사	은혜	감사	은혜	감사	은혜	은혜
감사	은혜	감사	감사	은혜	감사	은혜	은혜
은혜	은혜	감사	은혜	감사	은혜	감사	감사
은혜	감사	은혜	감사	감사	은혜	감사	은혜
감사	은혜	감사	은혜	은혜	감사	은혜	감사
은혜	감사	은혜	감사	은혜	감사	감사	은혜
은혜	은혜	감사	은혜	감사	은혜	감사	감사
감사	감사	은혜	은혜	감사	은혜	은혜	감사

문제3

믿음	믿음	소망	믿음	소망	믿음	소망	소망
믿음	믿음	소망	소망	믿음	소망	소망	믿음
소망	소망	믿음	믿음	소망	소망	믿음	믿음
믿음	믿음	소망	소망	믿음	믿음	소망	소망
소망	소망	믿음	소망	믿음	소망	믿음	믿음
믿음	소망	소망	믿음	소망	믿음	소망	믿음
소망	믿음	믿음	소망	믿음	소망	믿음	소망
소망	소망	믿음	믿음	소망	믿음	믿음	소망

문제4

양선	자비	자비	양선	자비	자비	양선	양선
양선	양선	자비	양선	자비	양선	자비	자비
자비	양선	양선	자비	양선	자비	양선	자비
양선	자비	양선	자비	자비	양선	자비	양선
자비	양선	자비	양선	양선	자비	양선	자비
양선	양선	자비	양선	자비	양선	자비	자비
자비	자비	양선	자비	양선	양선	자비	양선
자비	자비	양선	자비	양선	자비	양선	양선

사다리 타기

실선으로 표시된 사다리의 중간에는 점선으로 표시된 가로선이 5개 있습니다. 5개의 점선 중에서 3개를 선택하여 매칭되는 단어끼리 서로 만나도록 해 주세요.

문제1

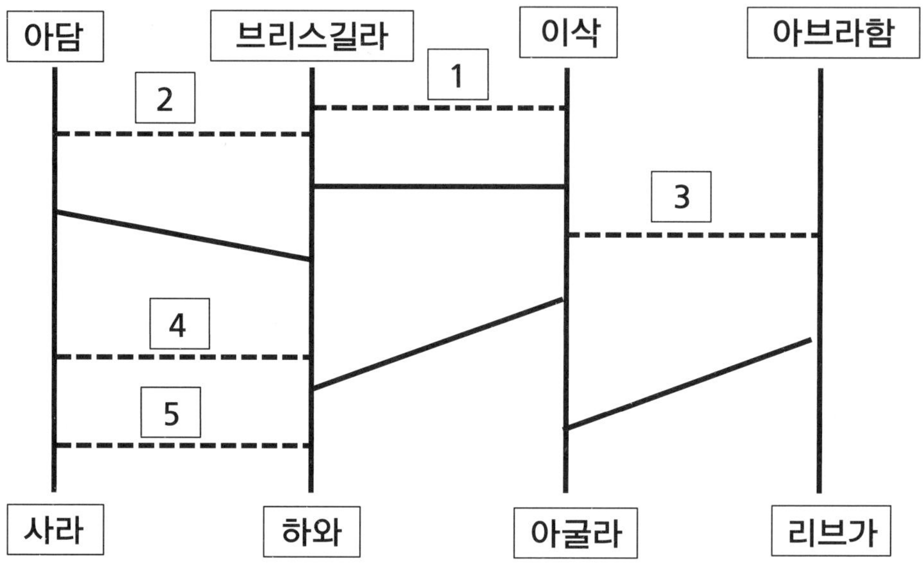

문제2

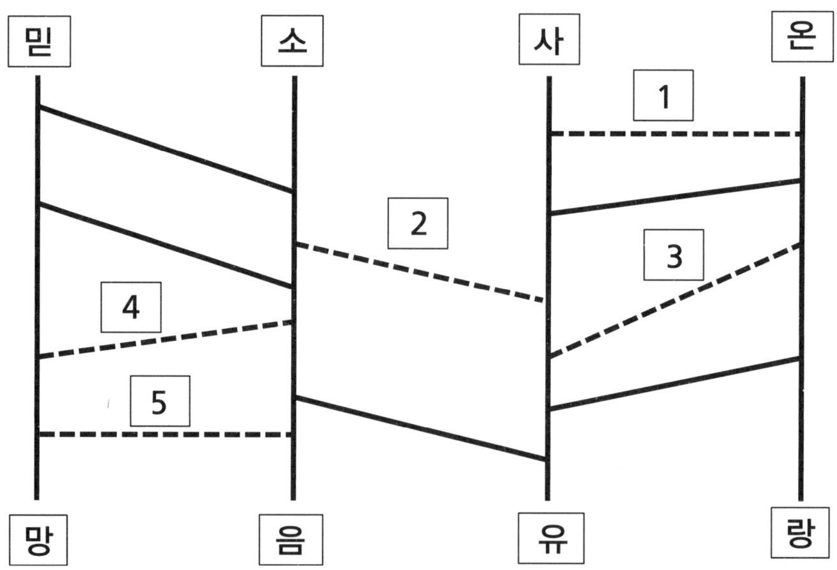

사다리 타기

실선으로 표시된 사다리의 중간에는 점선으로 표시된 가로선이 5개 있습니다. 5개의 점선 중에서 3개를 선택하여 매칭되는 단어끼리 서로 만나도록 해 주세요.

문제3

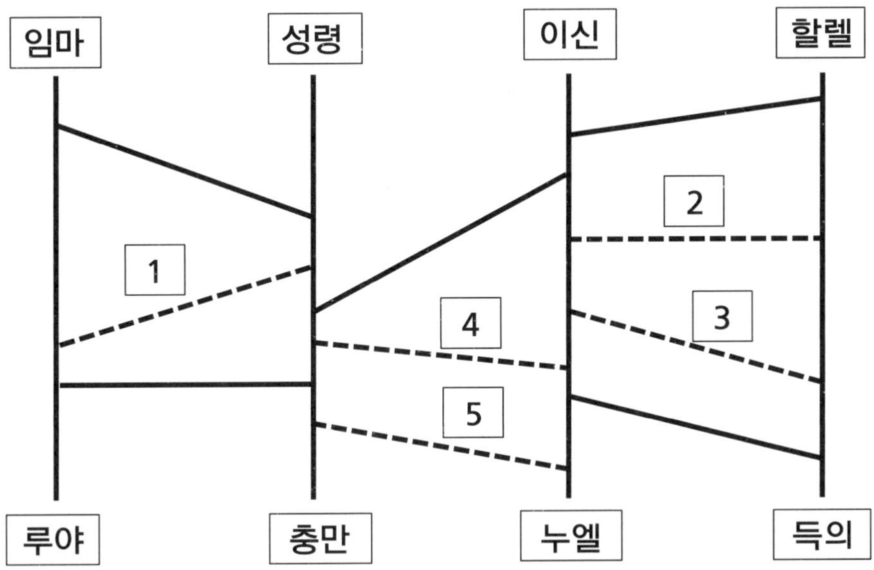

문제4

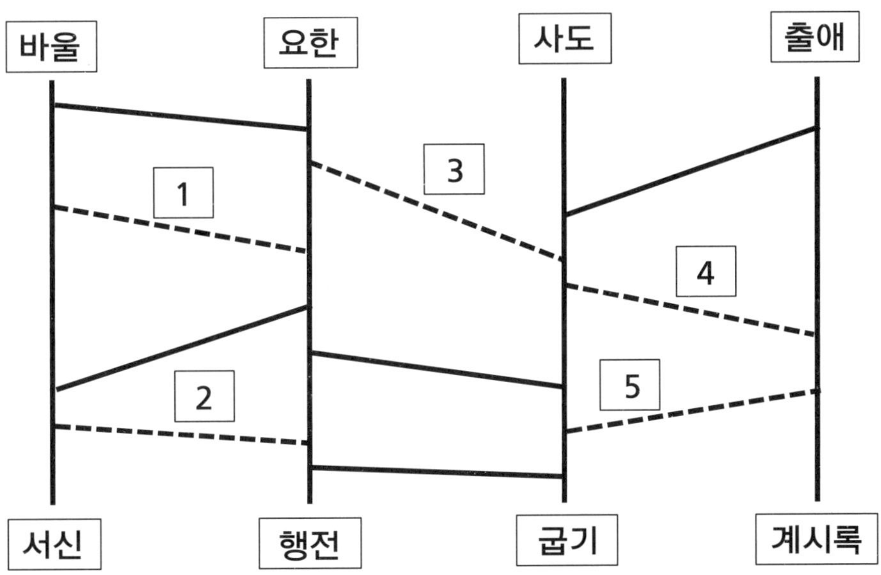

사다리 타기

실선으로 표시된 사다리의 중간에는 점선으로 표시된 가로선이 5개 있습니다. 5개의 점선 중에서 3개를 선택하여 매칭되는 단어끼리 서로 만나도록 해 주세요.

문제5

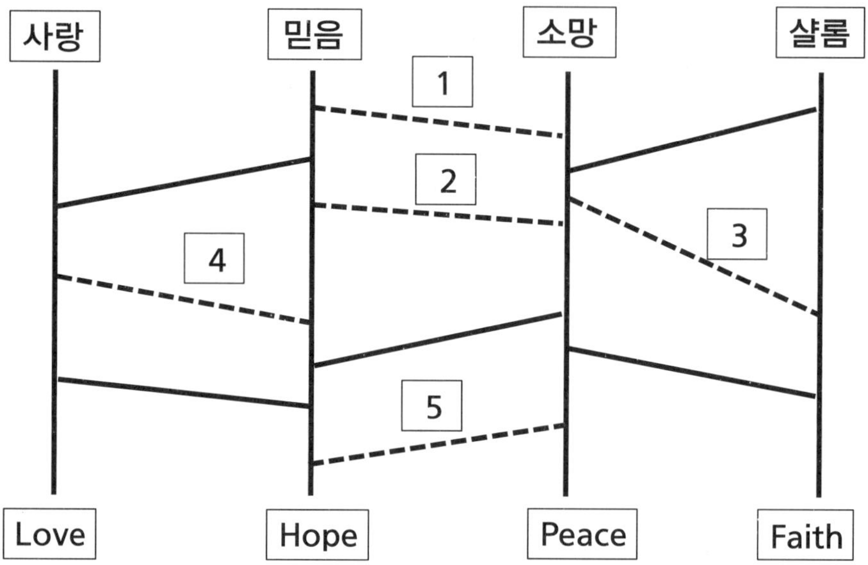

문제6

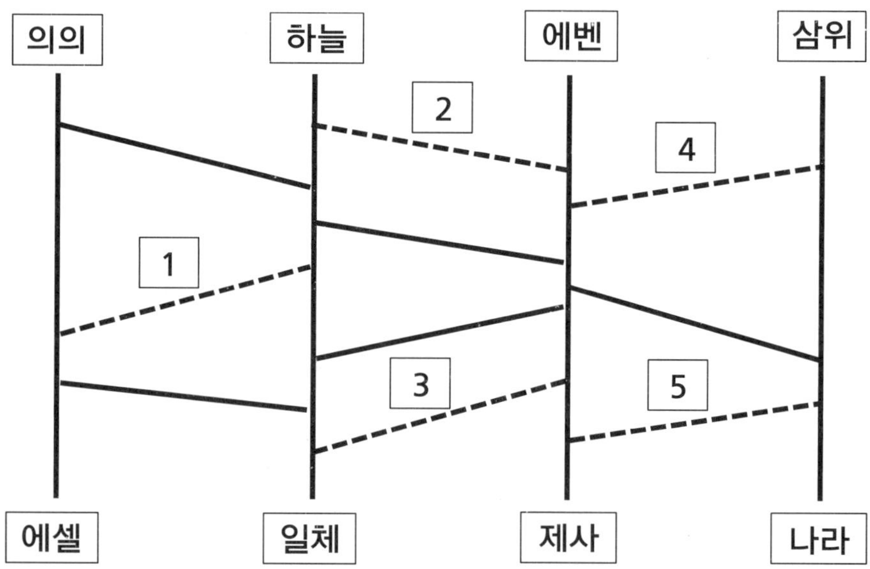

사다리 타기

사다리 타기로 나오는 글을 순서대로 정렬했을 때 어떤 성경 문구가 나오는지 읽어보세요.

문제7 하 에 라 사 사 감 범

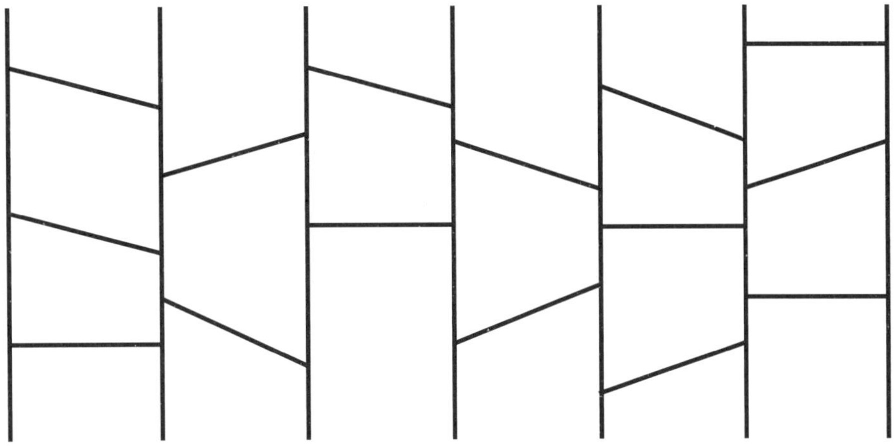

문제8 랑 일 으 희 행 모 라 너 사 든 하 로 을

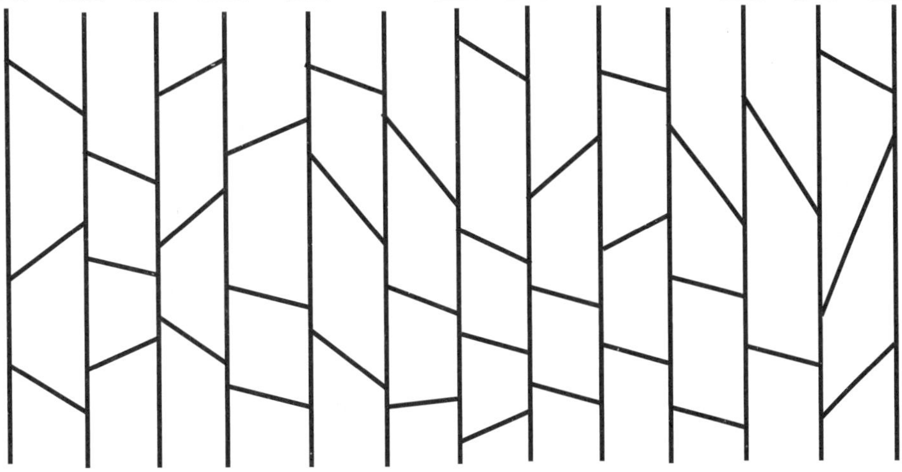

사다리 타기

실선으로 표시된 사다리의 중간에 점선으로 표시된 가로선이 4개가 있습니다. 4개의 점선 중에서 3개를 선택하여 관련된 단어끼리 만나도록 사다리를 선택해 주세요.

문제9

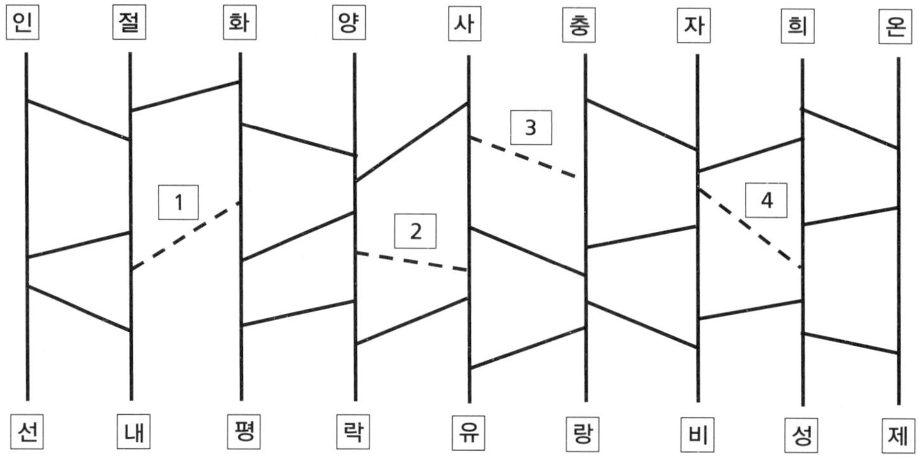

문제10

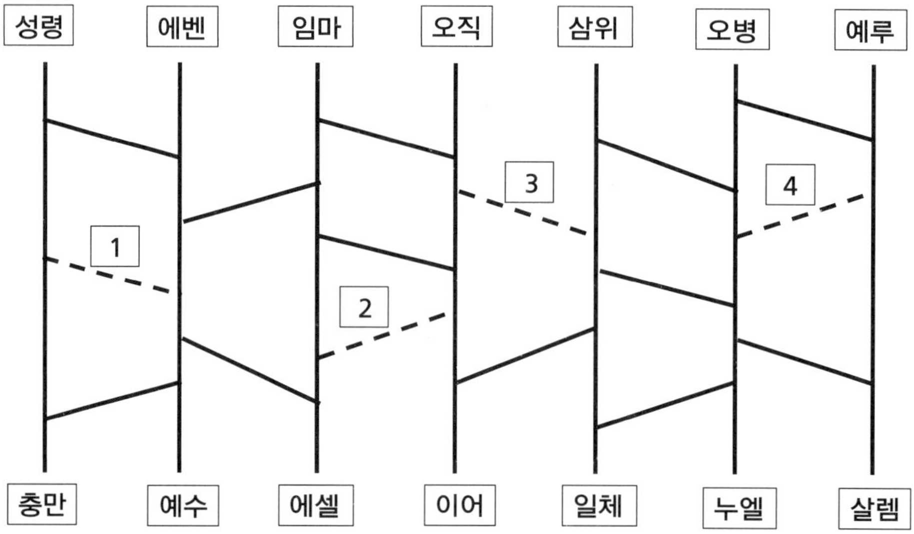

정답

문제1

3, 4, 5

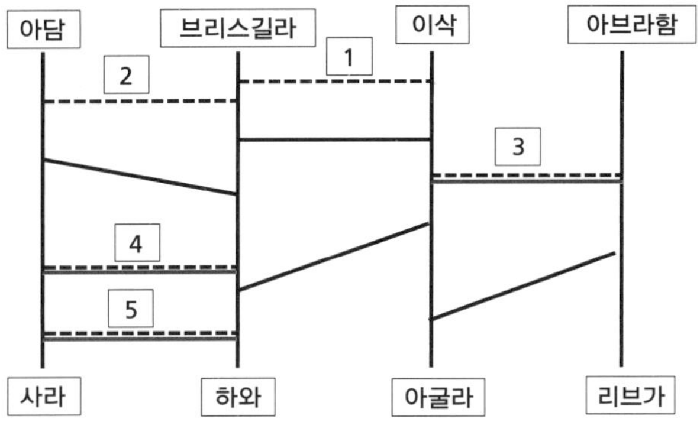

문제2

2, 3, 4

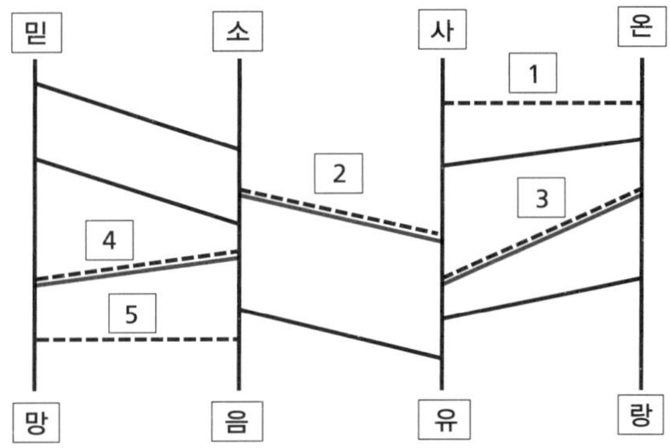

문제3

1, 3, 5

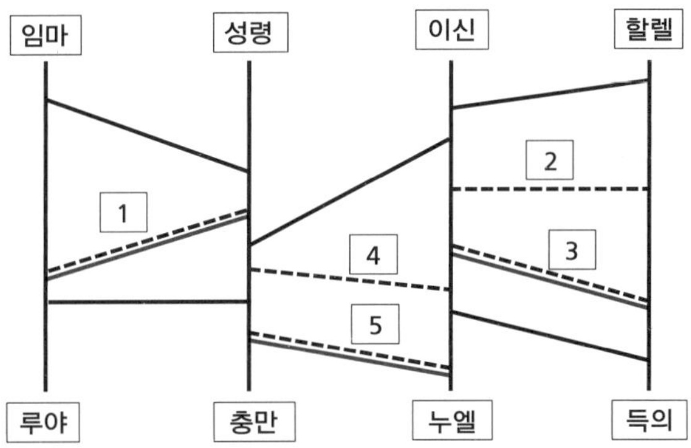

문제4

2, 3, 5

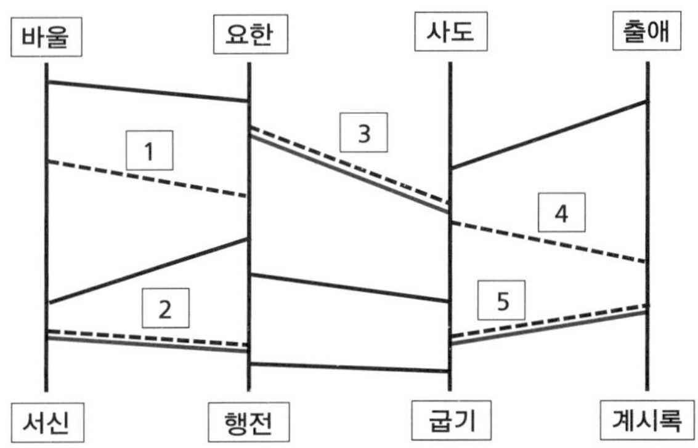

문제5

2, 3, 4

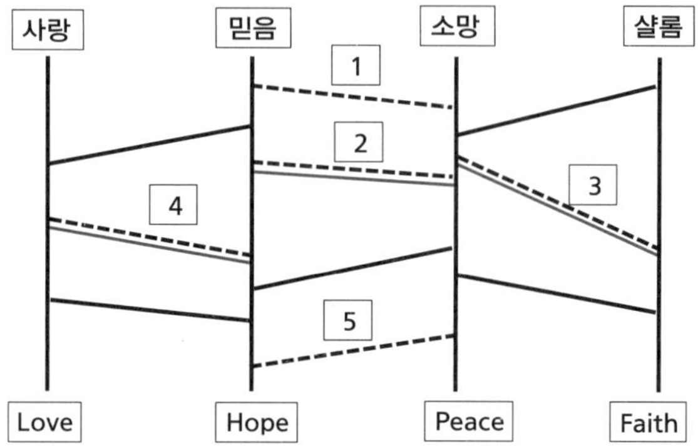

문제6

1, 4, 5

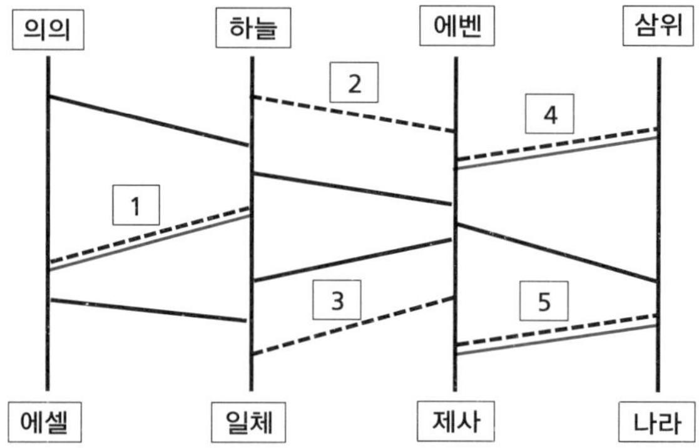

문제7

범사에 감사하라

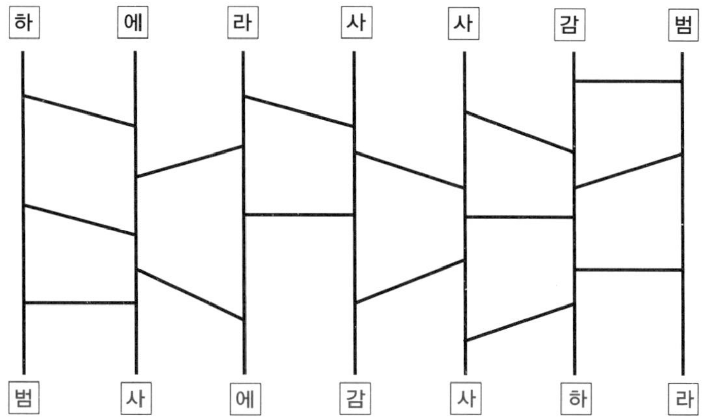

문제8

너희 모든 일을
사랑으로 행하라

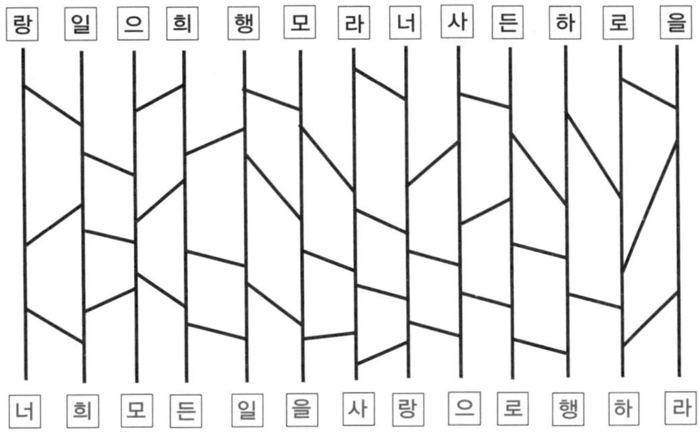

문제9

1, 3, 4
성령의 9가지 열매

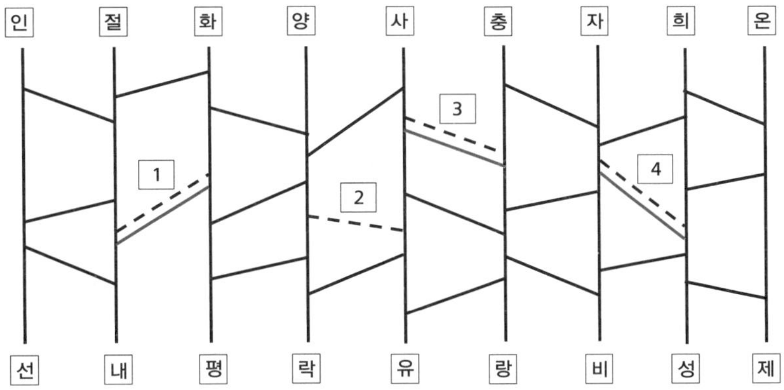

문제10

1, 2, 4

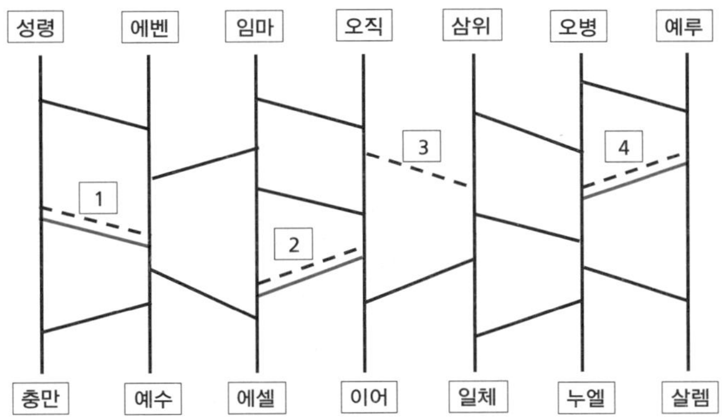

짝 찾아 지우기

그림판에 있는 글자들 중에 2개씩 짝이 되는 글자를 지우고 나서, 남는 글자로 만들어지는 성경 구절은 무엇인지 찾아보세요.

문제1

기	교	수	며	일	미	무	박	명	님
학	성	하	발	망	송	코	암	복	멍
호	니	왕	성	커	화	로	령	있	민
아	포	휘	상	국	회	수	학	는	관
피	지	예	멍	뢰	악	은	람	사	궁
세	궁	르	님	카	인	일	대	코	카
민	로	령	따	관	들	교	미	땅	커
망	구	대	암	를	의	뢰	호	예	온
온	송	화	회	무	꾀	발	기	왕	세
땅	포	박	명	피	구	성	상	휘	국

짝 찾아 지우기

그림판에 있는 글자들 중에 2개씩 짝이 되는 글자를 지우고 나서, 남는 글자로 만들어지는 성경 구절은 무엇인지 찾아보세요.

문제2

너	광	수	최	탕	밀	종	더	거	공
양	여	란	송	서	북	평	섬	농	뇌
주	호	방	말	등	형	로	최	기	모
천	와	보	회	기	으	차	대	예	고
대	를	경	외	함	광	수	금	떨	주
모	공	거	뇌	더	★	미	며	포	보
미	평	예	농	종	은	즐	과	평	탕
포	홍	금	형	서	거	회	너	홍	행
다	어	지	할	워	평	기	말	방	은
차	밀	북	행	과	양	천	등	송	란

짝 찾아 지우기

그림판에 있는 글자들 중에 2개씩 짝이 되는 글자를 지우고 나서, 남는 글자로 만들어지는 성경 구절은 무엇인지 찾아보세요.

문제3

국	우	내	세	로	왕	공	대	최	나
픽	가	김	다	홍	이	심	민	로	락
누	민	등	담	박	노	올	드	영	은
미	워	엄	동	금	우	기	성	붙	사
거	계	자	최	국	★	심	스	황	를
한	불	프	고	김	러	남	계	나	한
남	은	깨	로	나	박	미	서	락	프
사	스	었	성	공	영	께	동	거	엄
심	올	으	노	대	와	러	불	등	픽
왕	기	황	니	여	호	금	홍	세	담

짝 찾아 지우기

그림판에 있는 글자들 중에 2개씩 짝이 되는 글자를 지우고 나서, 남는 글자로 만들어지는 성경 구절은 무엇인지 찾아보세요.

문제4

왕	달	허	요	나	들	야	가	국	영
군	양	유	차	어	종	을	대	차	중
별	다	강	우	쉬	오	성	굴	단	태
미	남	리	일	홍	죄	충	송	얼	황
러	에	토	오	화	★	달	미	의	수
바	중	게	단	워	영	일	주	나	북
대	수	비	국	파	군	여	남	허	화
태	북	추	소	서	쉬	바	와	유	토
황	워	가	죄	종	강	러	다	호	파
충	성	야	왕	송	요	홍	양	별	여

짝 찾아 지우기

그림판에 있는 글자들 중에 2개씩 짝이 되는 글자를 지우고 나서, 남는 글자로 만들어지는 성경 구절은 무엇인지 찾아보세요.

문제5

강	식	북	공	중	군	체	간	성	왕
령	믹	옹	속	송	박	도	낭	조	니
위	교	대	궁	썸	기	만	하	속	문
백	경	방	회	께	막	관	열	고	등
조	잎	명	주	광	교	더	바	령	잎
승	간	열	가	북	속	위	라	승	쓰
관	낭	성	내	송	중	리	전	백	믹
등	속	막	에	더	이	대	방	옹	궁
쓰	썸	침	체	왕	광	다	경	강	회
문	아	만	박	공	식	니	군	전	명

짝 찾아 지우기

그림판에 있는 글자들 중에 2개씩 짝이 되는 글자를 지우고 나서, 남는 글자로 만들어지는 성경 구절은 무엇인지 찾아보세요.

문제6

가	님	내	강	자	사	생	거	궁	하
이	여	궤	마	는	랑	세	럼	넘	영
고	호	심	감	처	주	독	믿	나	고
얻	와	께	서	내	울	음	게	할	그
야	상	공	나	루	로	소	기	을	렐
게	럼	다	그	코	벨	리	야	코	밀
을	렐	기	도	할	얻	를	감	루	벨
믿	하	생	랑	셨	으	들	가	궤	이
독	강	궁	영	밀	처	로	내	공	심
넘	주	세	거	사	는	상	자	님	마

정답

문제1

기	교	수	며	일	미	무	박	명	님
학	성	하	발	망	송	코	암	복	멍
호	니	왕	성	커	화	로	령	있	민
아	포	휘	상	국	회	수	학	는	관
피	지	예	멍	뢰	악	은	람	사	궁
세	궁	르	님	카	인	일	대	코	카
민	로	령	따	관	들	교	미	땅	커
망	구	대	암	를	의	뢰	호	예	온
온	송	화	회	무	꾀	발	기	왕	세
땅	포	박	명	피	구	성	상	휘	국

복있는 사람은 악인들의 꾀를 따르지 아니하며(시편 1편)

문제2

너	광	수	최	탕	밀	종	더	거	공
양	여	란	송	서	북	평	섬	농	뇌
주	호	방	말	등	형	로	최	기	모
천	와	보	회	기	으	차	대	예	고
대	를	경	외	함	광	수	금	떨	주
모	공	거	뇌	더	★	미	며	포	보
미	평	예	농	종	은	즐	과	평	탕
포	홍	금	형	서	거	회	너	홍	행
다	어	지	할	워	평	기	말	방	은
차	밀	북	행	과	양	천	등	송	란

여호와를 경외함으로 섬기고 떨며 즐거워할지어다(시편 2편)

문제3

국	우	내	세	로	왕	공	대	최	나
픽	가	김	다	홍	이	심	민	로	락
누	민	등	담	박	노	올	드	영	은
미	워	엄	동	금	우	기	성	붙	사
거	계	자	최	국	★	심	스	황	를
한	불	프	고	김	러	남	계	나	한
남	은	깨	로	나	박	미	서	락	프
사	스	었	성	공	영	께	동	거	엄
심	올	으	노	대	와	러	불	등	픽
왕	기	황	니	여	호	금	홍	세	담

내가 누워 자고 깨었으니 여호와께서 나를 붙드심이로다(시편 3편)

문제4

왕	달	허	요	나	들	야	가	국	영
군	양	유	차	어	종	을	대	차	중
별	다	강	우	쉬	오	성	굴	단	태
미	남	리	일	홍	죄	충	송	얼	황
러	에	토	오	화	★	달	미	의	수
바	중	게	단	워	영	일	주	나	북
대	수	비	국	파	군	여	남	허	화
태	북	추	소	서	쉬	바	와	유	토
황	워	가	죄	종	강	러	다	호	파
충	성	야	왕	송	요	홍	양	별	여

여호와여 주의 얼굴을 들어 우리에게 비추소서(시편 4편)

문제5

강	식	북	공	중	군	체	간	성	왕
령	믹	옹	속	송	박	도	낭	조	니
위	교	대	궁	썸	기	만	하	속	문
백	경	방	회	께	막	관	열	고	등
조	잎	명	주	광	교	더	바	령	잎
승	간	열	가	북	속	위	라	승	쓰
관	낭	성	내	송	중	리	전	백	믹
등	속	막	에	더	이	대	방	옹	궁
쓰	썸	침	체	왕	광	다	경	강	회
문	아	만	박	공	식	니	군	전	명

아침에 내가 주께 기도하고 바라리이다(시편 5편)

문제6

가	님	내	강	자	사	생	거	궁	하
이	여	궤	마	는	랑	세	렴	넘	영
고	호	심	감	처	주	독	믿	나	고
얻	와	께	서	내	울	음	게	할	그
야	상	공	나	루	로	소	기	을	렐
게	렴	다	그	코	벨	리	야	코	밀
을	렐	기	도	할	얻	를	감	루	벨
믿	하	생	랑	셨	으	들	가	궤	이
독	강	궁	영	밀	처	로	내	공	심
넘	주	세	거	사	는	상	자	님	마

여호와께서 내울음 소리를 들으셨도다(시편 6편)

십자가 도형 찾아 넣기

상단에 있는 16개의 십자가 도형을 가로 방향 4개, 세로 방향 4개씩 배치하면 각 모서리에 나온 글자로부터 16개의 4자 단어를 만들 수 있습니다. 4개의 도형은 이미 배치되어 있으니 이를 참고하여 나머지 12개 도형도 배치하고 16개의 4자 단어를 모두 찾아보세요.

문제1

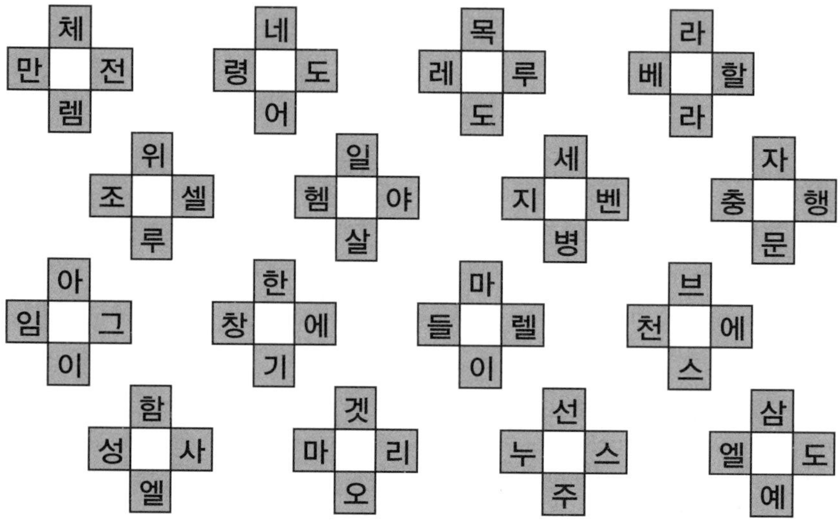

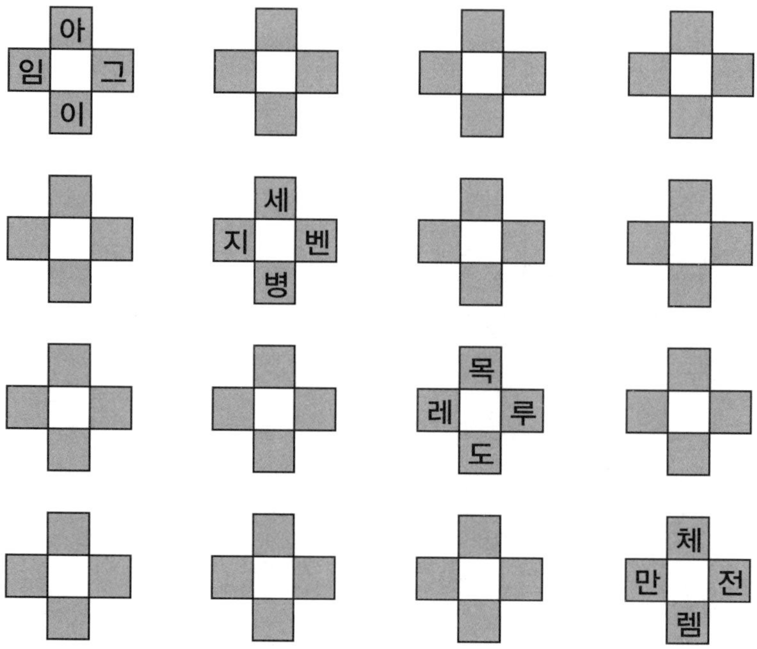

십자가 도형 찾아 넣기

상단에 있는 16개의 십자가 도형을 가로 방향 4개, 세로 방향 4개씩 배치하면 각 모서리에 나온 글자로부터 16개의 4자 단어를 만들 수 있습니다. 4개의 도형은 이미 배치되어 있으니 이를 참고하여 나머지 12개 도형도 배치하고 16개의 4자 단어를 모두 찾아보세요.

문제2

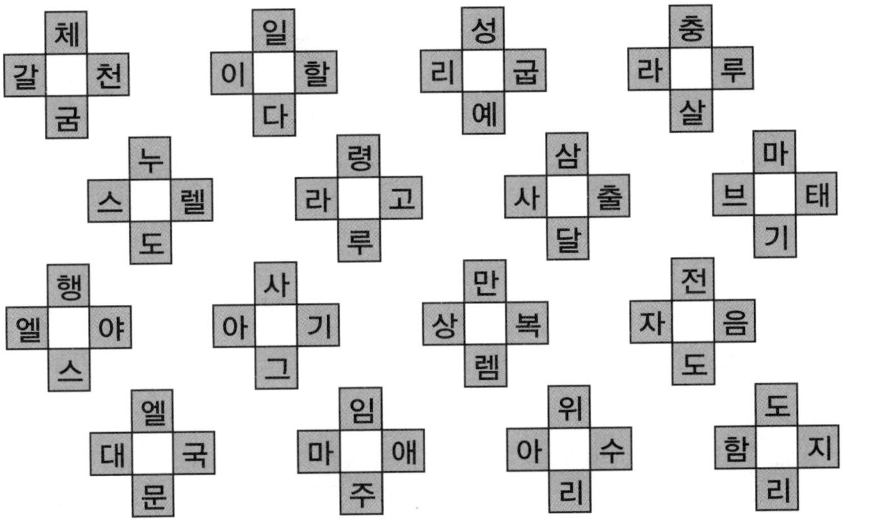

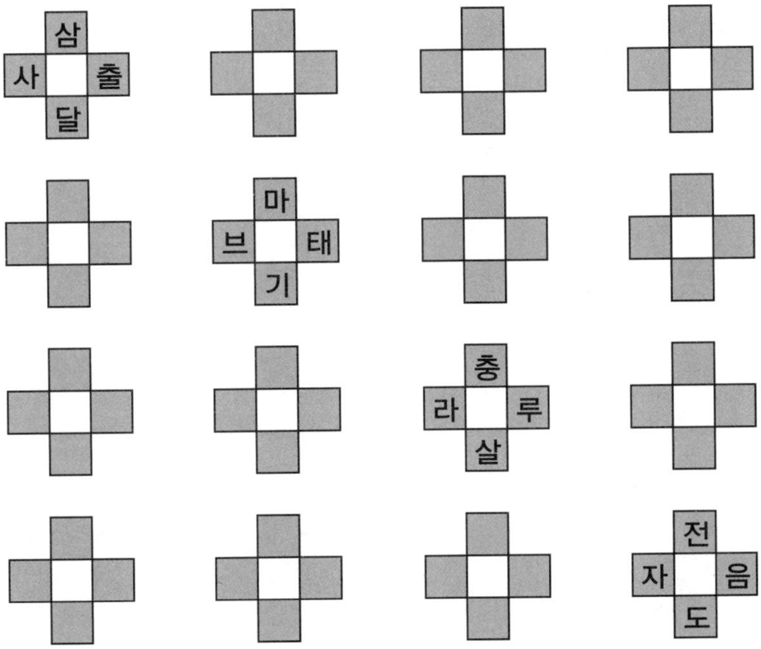

정답

문제1

	임마누엘 / 그리스도	천지창조 / 에벤에셀	베들레헴 / 할렐루야	성령충만 / 사도행전
아브라함 / 이스라엘	아 / 임 그 / 이	브 / 천 에 / 스	라 / 베 할 / 라	함 / 성 사 / 엘
겟세마네 / 오병이어	겟 / 마 리 / 오	세 / 지 벤 / 병	마 / 들 렐 / 이	네 / 령 도 / 어
선한목자 / 주기도문	선 / 누 스 / 주	한 / 창 에 / 기	목 / 레 루 / 도	자 / 충 행 / 문
삼위일체 / 예루살렘	삼 / 엘 도 / 예	위 / 조 셀 / 루	일 / 헴 야 / 살	체 / 만 전 / 렘

문제2

	사마리아 / 출애굽기	아브라함 / 수태고지	이스라엘 / 할렐루야	갈대상자 / 천국복음
삼위일체 / 달리다굼	삼 / 사 출 / 달	위 / 아 수 / 리	일 / 이 할 / 다	체 / 갈 천 / 굼
임마누엘 / 주기도문	임 / 마 애 / 주	마 / 브 태 / 기	누 / 스 렐 / 도	엘 / 대 국 / 문
성령충만 / 예루살렘	성 / 리 굽 / 예	령 / 라 고 / 루	충 / 라 루 / 살	만 / 상 복 / 렘
사도행전 / 그리스도	사 / 아 기 / 그	도 / 함 지 / 리	행 / 엘 야 / 스	전 / 자 음 / 도

진주 목걸이

진주 목걸이가 있습니다. 순서가 나머지와 다른 것 하나를 찾아보세요.

문제1

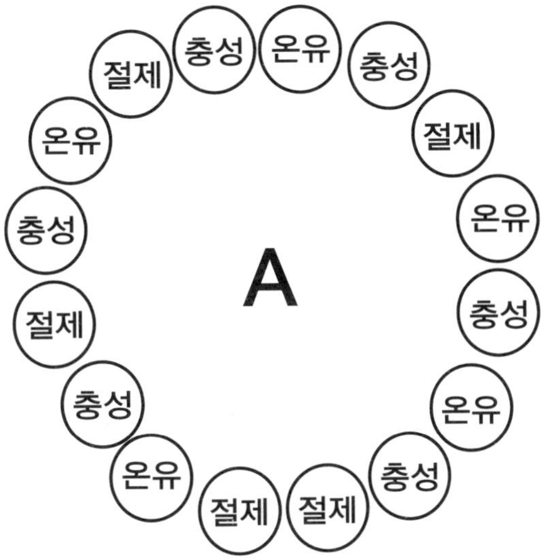

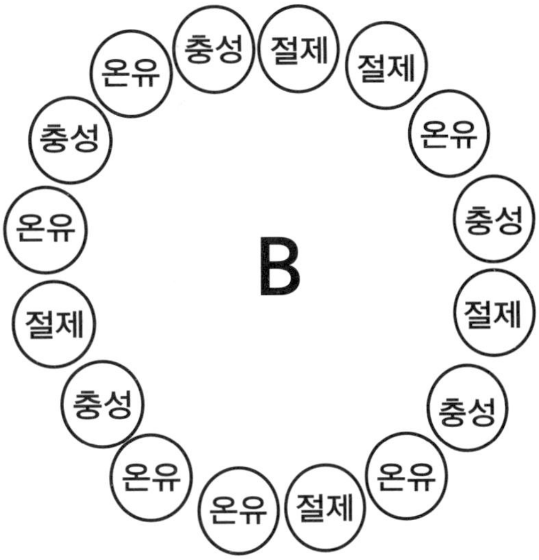

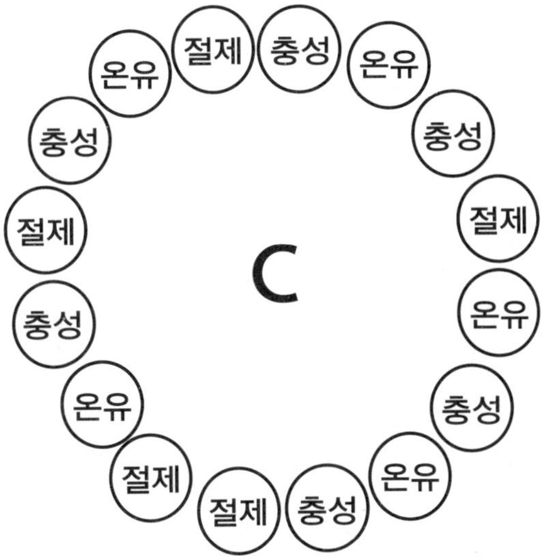

진주 목걸이

진주 목걸이가 있습니다. 순서가 나머지와 다른 것 하나를 찾아보세요.

문제2

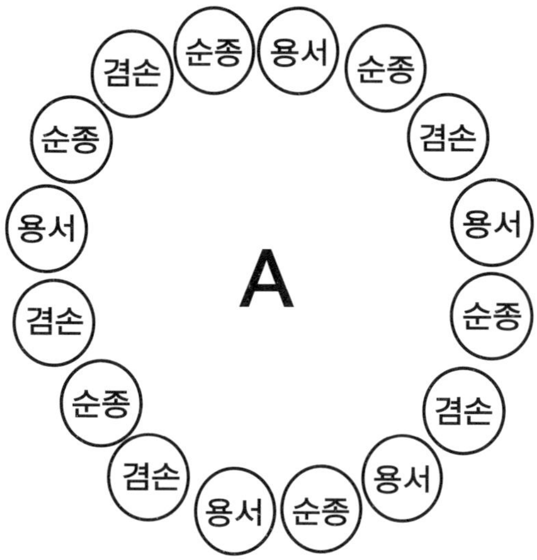

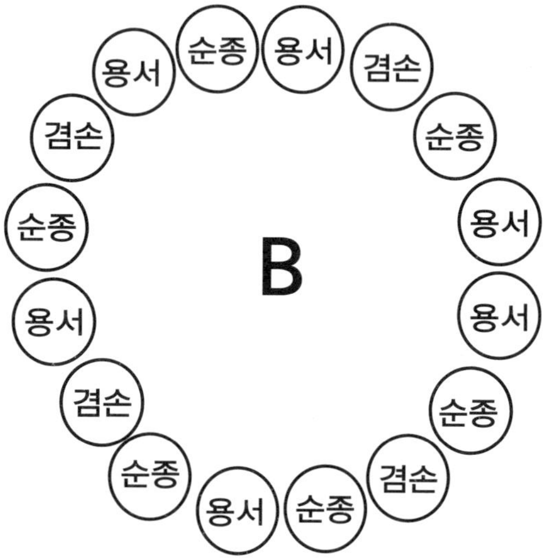

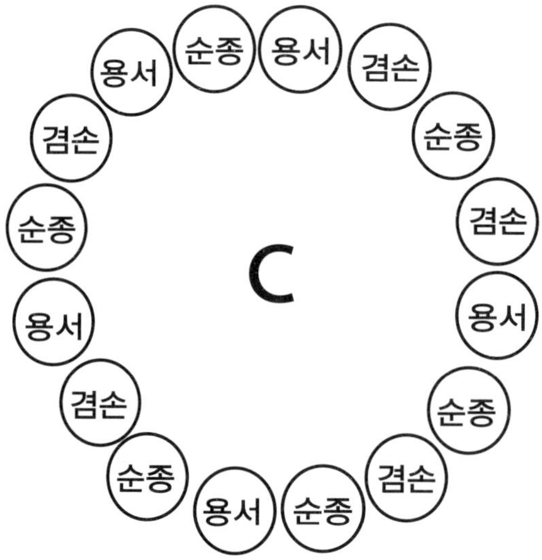

진주 목걸이

진주 목걸이가 있습니다. 순서가 나머지와 다른 것 하나를 찾아보세요.

문제3

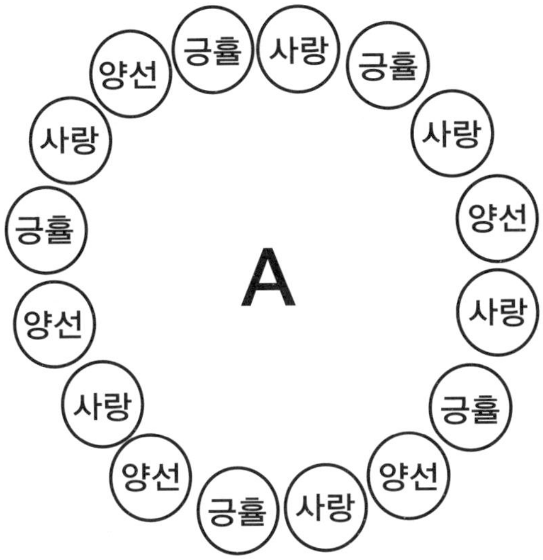

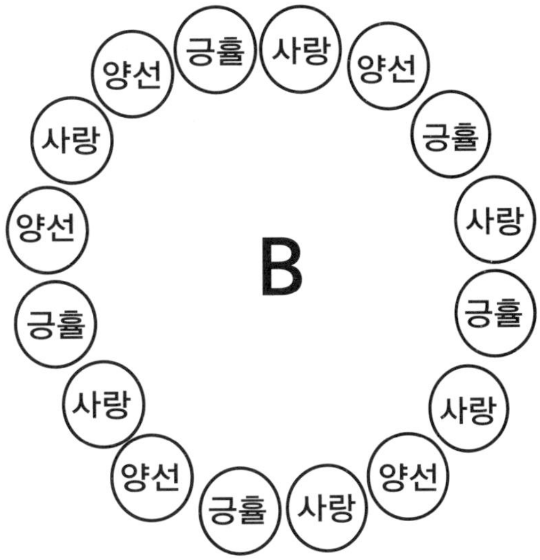

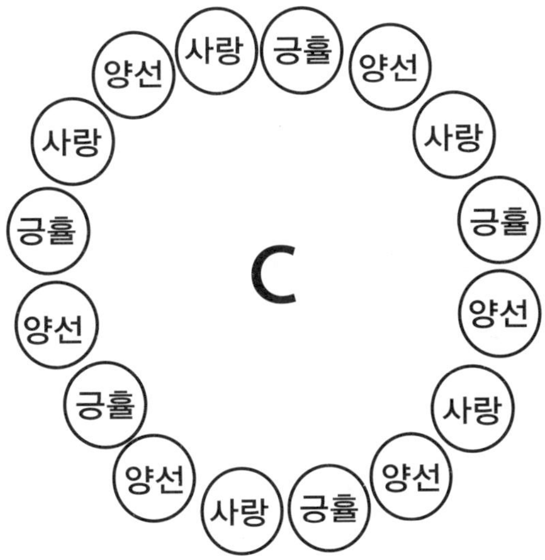

진주 목걸이

진주 목걸이가 있습니다. 순서가 나머지와 다른 것 하나를 찾아보세요.

문제4

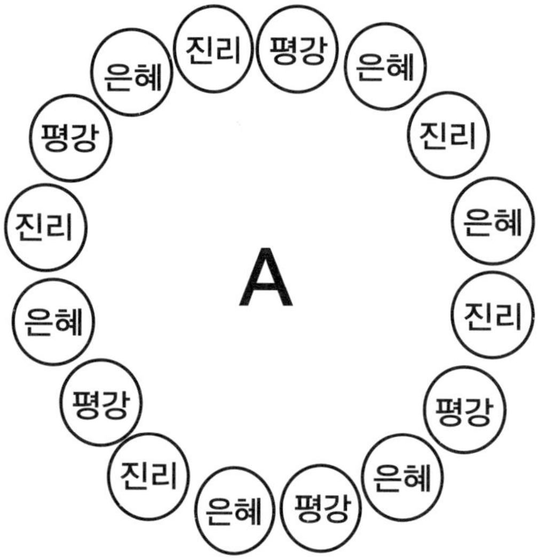

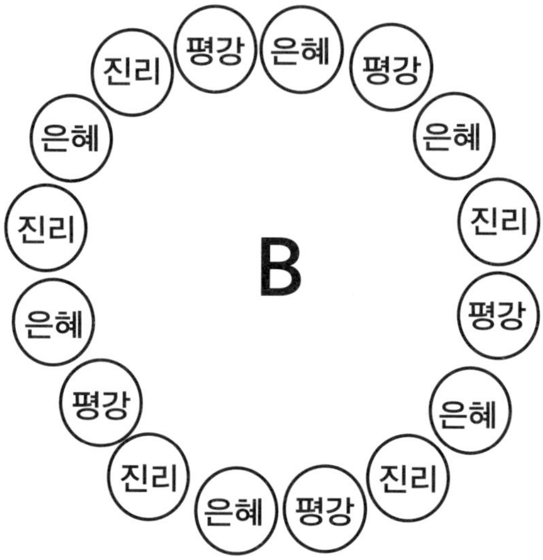

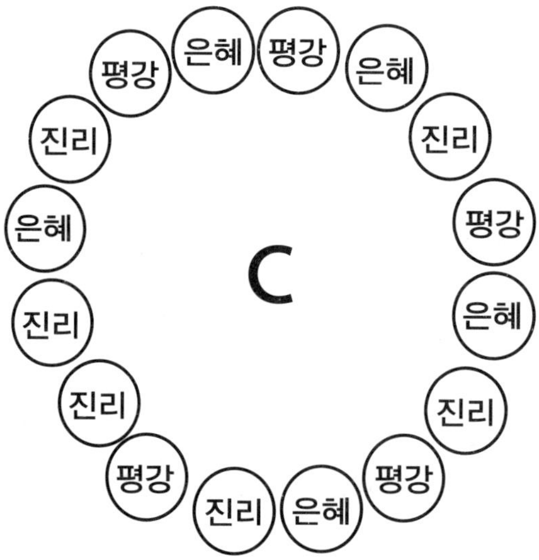

진주 목걸이

진주 목걸이가 있습니다. 순서가 나머지와 다른 것 하나를 찾아보세요.

문제5

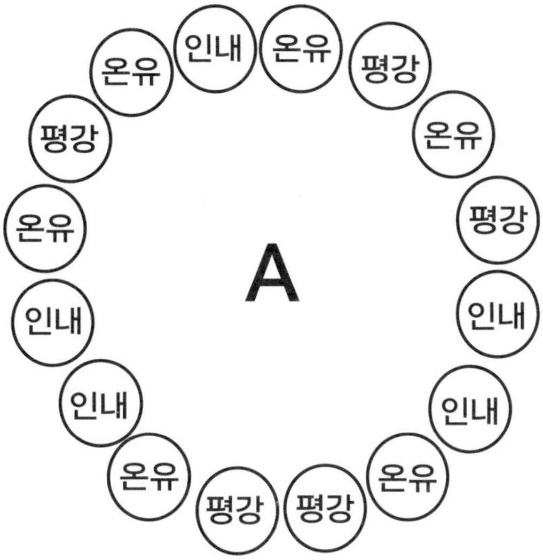

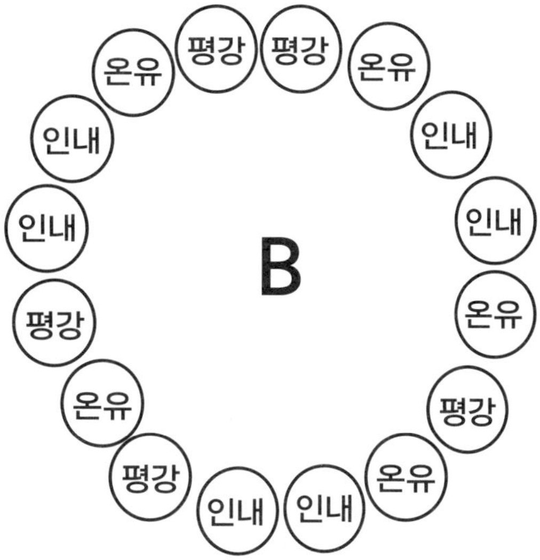

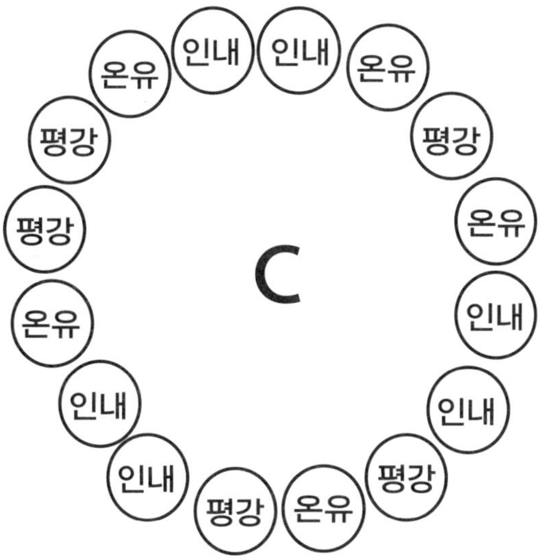

진주 목걸이

진주 목걸이가 있습니다. 순서가 나머지와 다른 것 하나를 찾아보세요.

문제6

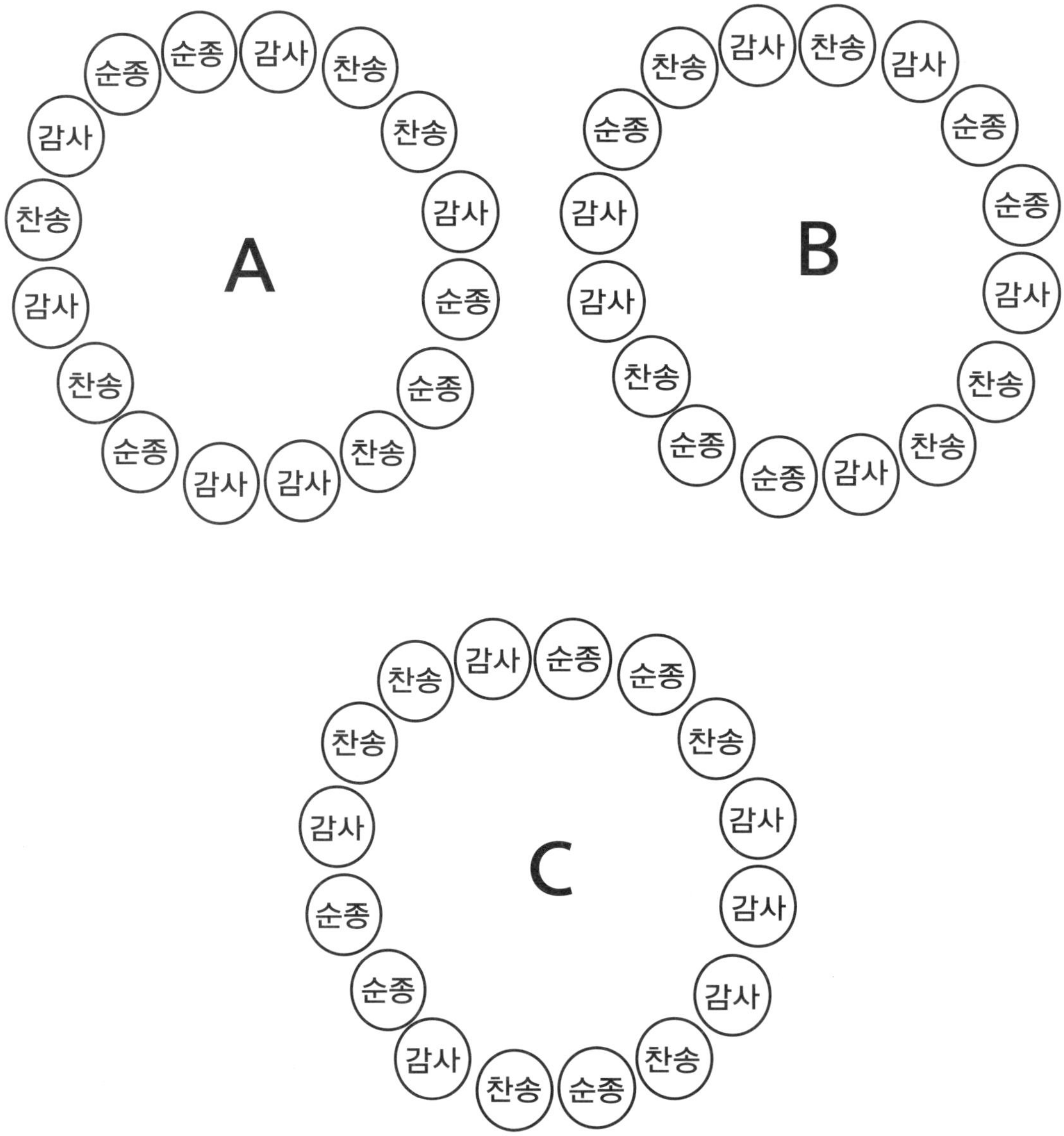

진주 목걸이

진주 목걸이가 있습니다. 순서가 나머지와 다른 것 하나를 찾아보세요.

문제7

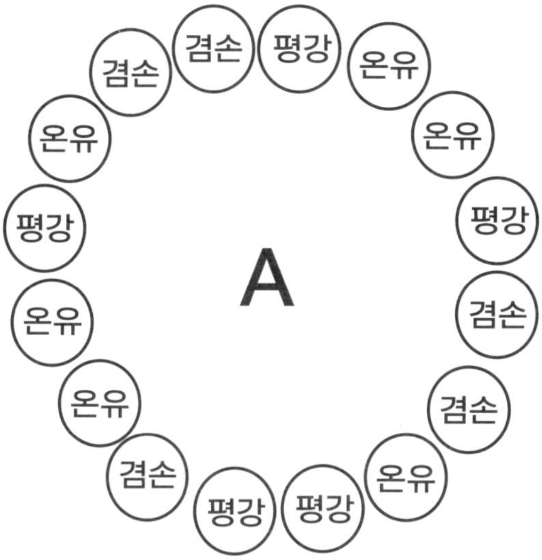

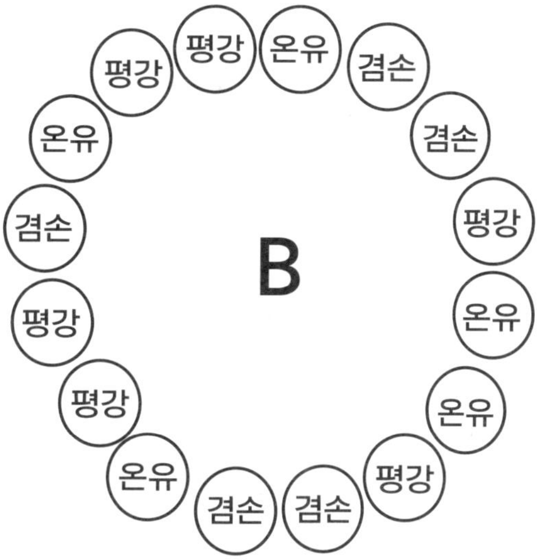

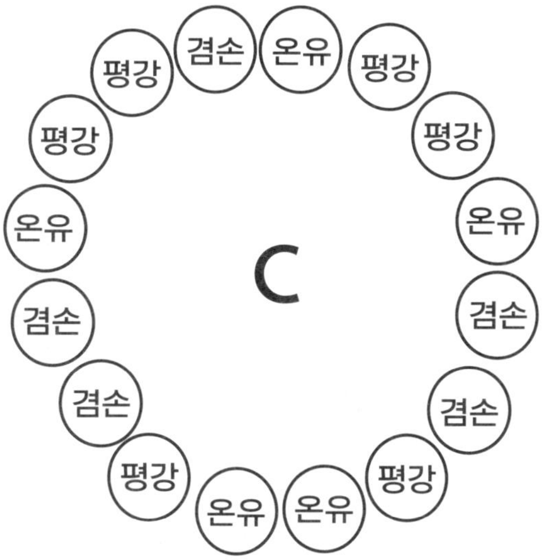

진주 목걸이

진주 목걸이가 있습니다. 순서가 나머지와 다른 것 하나를 찾아보세요.

문제8

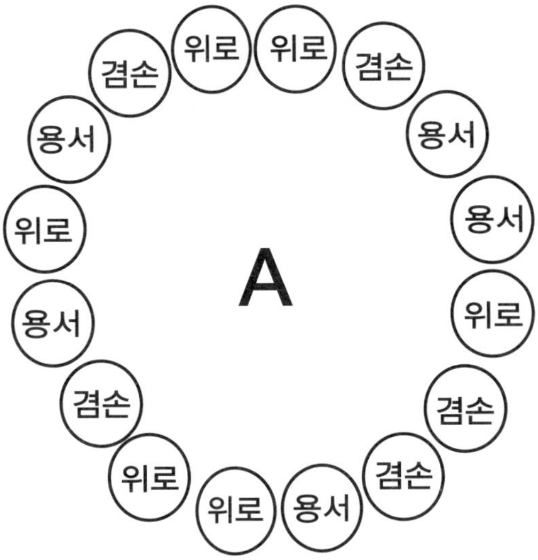

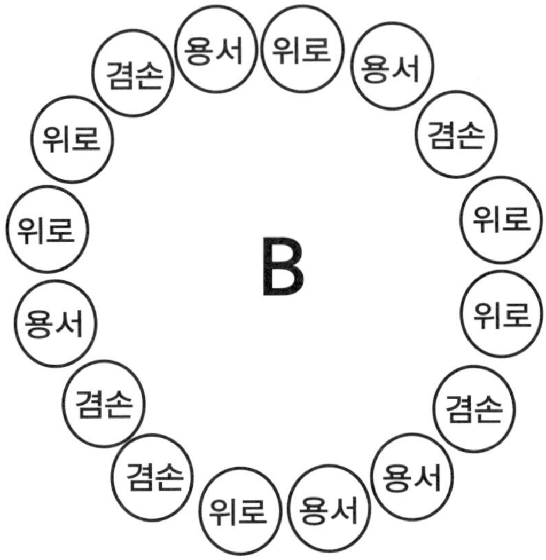

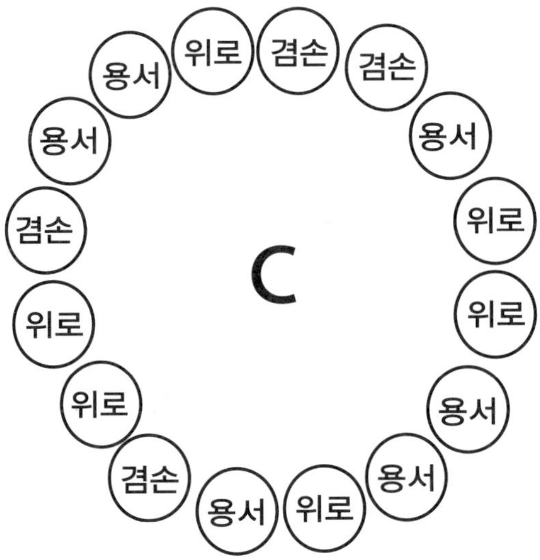

정답

문제1

B

1충성, 2온유, 3절제,　3212 1332 1312 3121

문제2

B

1겸손, 2용서, 3순종,　2312 3123 2131 2313

문제3

C

1사랑, 2양선, 3긍휼,　123 123 131 213 2132

문제4

C

1평강, 2은혜, 3진리,　2323 1212 3123 1231

문제5

A

1인내, 2온유, 3평강,　231 123 321 123 2113

문제6

C

1순종, 2감사, 3찬송,　321 123 321 132 2132

문제7

A

1겸손, 2평강, 3온유,　231 123 321 132 2132

문제8

C

1겸손, 2위로, 3용서,　312 213 321 132 2132

제 2 부

신나는 Exciting

달란트 찾기

격자판에는 달란트가 숨어 있습니다. 단어가 있는 칸에는 달란트가 없고 단어 주변 칸에 달란트가 숨겨져 있습니다. 주변 칸이란 단어가 있는 칸을 중심으로 한 상하좌우 대각선을 포함한 최대 8개의 칸을 의미합니다. 단어가 코너에 있을 경우 상황에 따라 다를 수 있습니다.
믿음 – 달란트 1개
사랑 – 달란트 2개
온유 – 달란트 3개
충성 – 달란트 4개
성결 – 달란트 5개 그리고 악한 행위 (교만) 주변에는 달란트가 확실히 없습니다. 달란트(★)를 찾아보세요.

문제1

믿음									
		믿음	믿음		믿음		사랑		사랑
온유			교만				믿음	사랑	
충성			교만						
				교만			사랑		온유
						믿음	온유		
교만		사랑	온유		사랑	사랑			온유
		사랑				충성		충성	
믿음		온유	성결						믿음
			온유			사랑	사랑	사랑	

달란트 찾기

격자판에는 달란트가 숨어 있습니다. 단어가 있는 칸에는 달란트가 없고 단어 주변 칸에 달란트가 숨겨져 있습니다. 주변 칸이란 단어가 있는 칸을 중심으로 한 상하좌우 대각선을 포함한 최대 8개의 칸을 의미합니다. 단어가 코너에 있을 경우 상황에 따라 다를 수 있습니다.

믿음 – 달란트 1개
사랑 – 달란트 2개
온유 – 달란트 3개
성결 – 달란트 5개 그리고 악한 행위 (교만) 주변에는 달란트가 확실히 없습니다. 달란트(★)를 찾아보세요.

문제2

믿음			사랑		사랑				사랑
						믿음			
		믿음	믿음	사랑	온유		온유		믿음
	믿음	믿음							교만
믿음		온유		온유					
				온유	온유	온유	온유		
믿음				사랑	사랑				믿음
온유	성결					사랑	온유		
			사랑	사랑	사랑				
	온유		교만					믿음	

달란트 찾기

격자판에는 달란트가 숨어 있습니다. 단어가 있는 칸에는 달란트가 없고 단어 주변 칸에 달란트가 숨겨져 있습니다. 주변 칸이란 단어가 있는 칸을 중심으로 한 상하좌우 대각선을 포함한 최대 8개의 칸을 의미합니다. 단어가 코너에 있을 경우 상황에 따라 다를 수 있습니다.
믿음 – 달란트 1개
사랑 – 달란트 2개
온유 – 달란트 3개
충성 – 달란트 4개
성결 – 달란트 5개 그리고 악한 행위 (교만) 주변에는 달란트가 확실히 없습니다. 달란트(★)를 찾아보세요.

문제3

	사랑			온유		온유		믿음	
		사랑					충성		사랑
	사랑	믿음		사랑	온유				사랑
					믿음	사랑	충성		사랑
	믿음					사랑			
				교만					
	믿음	교만	교만			온유		성결	온유
	믿음					사랑	사랑	온유	
믿음		온유	충성			교만		믿음	

달란트 찾기

격자판에는 달란트가 숨어 있습니다. 단어가 있는 칸에는 달란트가 없고 단어 주변 칸에 달란트가 숨겨져 있습니다. 주변 칸이란 단어가 있는 칸을 중심으로 한 상하좌우 대각선을 포함한 최대 8개의 칸을 의미합니다. 단어가 코너에 있을 경우 상황에 따라 다를 수 있습니다.

믿음 – 달란트 1개
사랑 – 달란트 2개
온유 – 달란트 3개
성결 – 달란트 5개 그리고 악한 행위 (교만) 주변에는 달란트가 확실히 없습니다. 달란트(★)를 찾아보세요.

문제4

사랑		믿음	교만			믿음			
									믿음
		온유			온유		온유		
	믿음				온유		사랑		
사랑		온유			온유	사랑		사랑	
		사랑		온유	온유	사랑		사랑	
사랑		믿음						사랑	교만
		믿음	믿음	온유					
			믿음				성결		온유
믿음				믿음		믿음	온유		

달란트 찾기

격자판에는 달란트가 숨어 있습니다. 단어가 있는 칸에는 달란트가 없고 단어 주변 칸에 달란트가 숨겨져 있습니다. 주변 칸이란 단어가 있는 칸을 중심으로 한 상하좌우 대각선을 포함한 최대 8개의 칸을 의미합니다. 단어가 코너에 있을 경우 상황에 따라 다를 수 있습니다.
믿음 – 달란트 1개
사랑 – 달란트 2개
온유 – 달란트 3개
충성 – 달란트 4개
성결 – 달란트 5개 그리고 악한 행위 (교만) 주변에는 달란트가 확실히 없습니다. 달란트(★)를 찾아보세요.

문제5

	사랑	사랑	사랑			온유			
믿음						성결	온유		믿음
	충성		충성				사랑		
온유			사랑	사랑		온유	사랑		교만
		온유	믿음						
온유		사랑			교만				
						교만			충성
	사랑	믿음				교만			온유
사랑		사랑		믿음		믿음	믿음		
									믿음

달란트 찾기

격자판에는 달란트가 숨어 있습니다. 단어가 있는 칸에는 달란트가 없고 단어 주변 칸에 달란트가 숨겨져 있습니다. 주변 칸이란 단어가 있는 칸을 중심으로 한 상하좌우 대각선을 포함한 최대 8개의 칸을 의미합니다. 단어가 코너에 있을 경우 상황에 따라 다를 수 있습니다.
믿음 – 달란트 1개
사랑 – 달란트 2개
온유 – 달란트 3개
성결 – 달란트 5개 그리고 악한 행위 (교만) 주변에는 달란트가 확실히 없습니다. 달란트(★)를 찾아보세요.

문제6

	믿음					교만		온유	
				사랑	사랑	사랑			
		온유	사랑					성결	온유
믿음				사랑	사랑				믿음
		온유	온유	온유	온유				
					온유		온유		믿음
교만							믿음	믿음	
믿음		온유		온유	사랑	믿음	믿음		
			믿음						
사랑				사랑		사랑			믿음

달란트 찾기

격자판에는 달란트가 숨어 있습니다. 단어가 있는 칸에는 달란트가 없고 단어 주변 칸에 달란트가 숨겨져 있습니다. 주변 칸이란 단어가 있는 칸을 중심으로 한 상하좌우 대각선을 포함한 최대 8개의 칸을 의미합니다. 단어가 코너에 있을 경우 상황에 따라 다를 수 있습니다.

믿음 – 달란트 1개

사랑 – 달란트 2개

온유 – 달란트 3개

충성 – 달란트 4개

성결 – 달란트 5개 그리고 악한 행위 (교만) 주변에는 달란트가 확실히 없습니다. 달란트(★)를 찾아보세요.

문제7

	믿음		교만			충성	온유		믿음
	온유	사랑	사랑					믿음	
온유	성결		온유			교만	교만	믿음	
					교만				
			사랑					믿음	
사랑		충성	사랑	믿음					
사랑				온유	사랑		믿음	사랑	
사랑		충성					사랑		
	믿음		온유		온유			사랑	

달란트 찾기

격자판에는 달란트가 숨어 있습니다. 단어가 있는 칸에는 달란트가 없고 단어 주변 칸에 달란트가 숨겨져 있습니다. 주변 칸이란 단어가 있는 칸을 중심으로 한 상하좌우 대각선을 포함한 최대 8개의 칸을 의미합니다. 단어가 코너에 있을 경우 상황에 따라 다를 수 있습니다.

믿음 – 달란트 1개
사랑 – 달란트 2개
온유 – 달란트 3개
성결 – 달란트 5개 그리고 악한 행위 (교만) 주변에는 달란트가 확실히 없습니다. 달란트(★)를 찾아보세요.

문제8

		온유	믿음		믿음				믿음
온유		성결				믿음			
					온유	믿음	믿음		
교만	사랑						믿음		사랑
	사랑		사랑	온유	온유		사랑		
	사랑		사랑	온유			온유		사랑
		사랑		온유				믿음	
		온유		온유			온유		
믿음									
			믿음			교만	믿음		사랑

정답

문제1

믿음				★			★	★	
★		믿음	믿음		믿음		사랑		사랑
온유	★		교만				믿음	사랑	★
충성	★		교만					★	
★	★			교만			사랑		온유
		★				믿음	온유	★	★
교만		사랑	온유		사랑	사랑	★	★	온유
		사랑	★	★	★	충성		충성	
믿음	★	온유	성결	★	★		★	★	믿음
		★	온유	★		사랑	사랑	사랑	

문제2

믿음		★	사랑		사랑			★	사랑
	★			★	★	믿음		★	
		믿음	믿음	사랑	온유		온유		믿음
★	믿음	믿음				★	★		교만
믿음		온유	★	온유	★	★			
		★	★	온유	온유	온유	온유		
믿음	★	★		사랑	사랑	★		★	믿음
온유	성결	★		★		사랑	온유		
★	★		사랑	사랑	사랑		★		
★	온유		교만		★			믿음	

문제3

	사랑	★		온유	★	온유		믿음	
★		사랑	★		★	★	충성	★	사랑
★	사랑	믿음		사랑	온유	★		★	사랑
					믿음	사랑	충성		사랑
	믿음					사랑	★	★	
★				교만			★	★	★
	믿음	교만	교만			온유	★	성결	온유
	믿음				★	사랑	사랑	온유	★
		★	★	★				★	
믿음	★	온유	충성	★		교만		믿음	

문제4

사랑		믿음	교만			믿음			
★	★					★			믿음
		온유	★		온유		온유	★	
	믿음		★	★	온유	★	사랑		
사랑	★	온유		★	온유	사랑		사랑	★
	★	사랑		온유	온유	사랑	★	사랑	
사랑		믿음		★	★			사랑	교만
★		믿음	믿음	온유	★	★	★		
	★		믿음			★	성결	★	온유
믿음			★	믿음		믿음	온유	★	★

문제5

	사랑	사랑	사랑		★	온유	★		
믿음	★	★		★	★	성결	온유	★	믿음
	충성		충성	★	★	★	사랑		
온유	★	★	사랑	사랑		온유	사랑		교만
★	★	온유	믿음				★		
온유		사랑			교만			★	★
	★					교만		★	충성
★	사랑	믿음				교만		★	온유
사랑		사랑		믿음		믿음	믿음		★
	★	★			★				믿음

문제6

	믿음			★		교만		온유	★
		★		사랑	사랑	사랑		★	★
		온유	사랑		★		★	성결	온유
믿음	★		★	사랑	사랑		★	★	믿음
		온유	온유	온유	온유	★	★		
			★	★	온유	★	온유		믿음
교만		★	★				믿음	믿음	★
믿음		온유		온유	사랑	믿음	믿음		
	★		믿음	★	★			★	
사랑	★			사랑		사랑	★		믿음

문제7

	믿음		교만		★	충성	온유	★	믿음
	★				★	★	★		
★	온유	사랑	사랑	★				믿음	
온유	성결	★	온유			교만	교만	믿음	
★	★	★			교만				★
	★	★	사랑					믿음	
사랑		충성	사랑	믿음					
사랑	★		★	온유	사랑		믿음	사랑	★
사랑	★	충성	★	★		★	사랑		★
	믿음		온유	★	온유		★	사랑	

문제8

★	★	온유	믿음		믿음	★			믿음
온유	★	성결	★			믿음		★	
		★	★	★	온유	믿음	믿음		★
교만	사랑			★	★		믿음		사랑
	사랑	★	사랑	온유	온유		사랑	★	
★	사랑		사랑	온유	★		온유	★	사랑
		사랑	★	온유	★	★		믿음	
	★	온유		온유		★	온유		
믿음			★					★	★
			믿음			교만	믿음		사랑

좌우 블럭 비교하기

왼쪽 블록에는 성경 문구가 관련 없는 글자와 섞여서 순서대로 나열되어 있습니다. 오른쪽 블록에서 관련 없는 글자의 위치가 지워진 블록을 찾아 알파벳과 숫자를 연결해 보세요.

문제1

A	소	믿	망	음	의	함	역	고	사	마
B	사	이	랑	의	민	강	수	호	암	고
C	양	소	망	상	군	의	등	인	미	내
D	인	사	랑	고	동	안	속	평	에	서
E	믿	고	음	의	악	선	교	시	제	편
F	오	사	칠	팔	랑	과	와	믿	금	음
G	영	광	은	나	로	의	하	여	광	채
H	금	은	혜	포	자	의	그	보	좌	스
I	길	믿	군	음	서	생	의	왕	기	도
J	온	미	암	동	전	한	성	믿	돈	음

1	■	□	□	■	■	□	■	■	□	□
2	■	□	□	■	■	□	■	□	□	■
3	■	□	■	■	□	□	■	□	■	□
4	■	□	■	□	■	■	□	■	□	□
5	■	□	□	■	■	□	■	□	■	□
6	□	■	□	□	■	■	□	■	■	□
7	□	■	■	■	□	□	■	□	■	□
8	□	■	□	□	■	■	□	■	□	■
9	□	□	■	■	■	□	■	■	□	□
10	■	□	■	□	□	■	□	■	□	■

A	B	C	D	E	F	G	H	I	J

좌우 블럭 비교하기

왼쪽 블록에는 성경 문구가 관련 없는 글자와 섞여서 순서대로 나열되어 있습니다. 오른쪽 블록에서 관련 없는 글자의 위치가 지워진 블록을 찾아 알파벳과 숫자를 연결해 보세요.

문제2

A	삼	사	오	랑	능	과	력	선	만	행
B	금	은	동	혜	황	금	와	평	강	산
C	정	결	하	고	심	한	행	오	실	마
D	믿	양	음	과	전	의	설	시	련	라
E	천	영	혼	만	배	의	구	삽	원	불
F	주	종	께	앙	맡	의	기	매	불	라
G	엄	믿	음	한	사	의	람	기	동	도
H	복	과	있	진	는	리	는	사	람	도
I	왕	응	답	께	전	하	는	식	소	서
J	판	충	천	만	도	한	대	기	쁨	왕

1	□	■	□	■	■	□	■	□	□	■
2	□	■	□	■	□	■	■	□	□	■
3	■	□	□	■	■	□	□	■	□	■
4	■	□	□	■	■	□	■	□	■	□
5	■	□	□	■	■	□	■	■	□	□
6	■	□	■	□	■	□	■	□	□	■
7	■	□	■	□	■	□	■	□	■	□
8	□	□	■	■	■	□	□	■	□	■
9	□	■	□	■	□	■	□	■	■	□
10	■	□	■	□	■	■	□	□	□	■

A	B	C	D	E	F	G	H	I	J

좌우 블럭 비교하기

왼쪽 블록에는 성경 문구가 관련 없는 글자와 섞여서 순서대로 나열되어 있습니다. 오른쪽 블록에서 관련 없는 글자의 위치가 지워진 블록을 찾아 알파벳과 숫자를 연결해 보세요.

문제3

A	사	하	너	나	문	님	소	양	의	도
B	마	모	음	서	과	의	묵	기	상	송
C	만	영	혼	민	이	을	군	소	생	산
D	성	산	송	실	과	강	정	진	직	로
E	서	생	문	명	의	고	능	남	력	산
F	영	일	만	광	틴	구	과	우	능	력
G	필	구	불	원	영	의	야	요	새	지
H	선	악	과	택	장	된	군	백	성	명
I	민	생	사	명	광	의	원	천	만	고
J	신	선	을	한	광	행	복	전	하	라

1	□	■	■	□	□	■	□	■	□	■
2	■	□	■	□	□	■	□	■	□	■
3	■	□	■	□	■	□	■	□	□	■
4	□	■	■	□	■	□	■	□	□	■
5	■	□	■	□	■	□	■	■	□	□
6	■	□	■	□	■	□	□	□	■	■
7	■	□	□	■	■	□	■	■	□	□
8	■	□	□	■	■	□	■	□	□	■
9	□	■	■	□	■	■	□	■	□	□
10	□	■	□	■	■	□	□	■	□	■

A	B	C	D	E	F	G	H	I	J

정답

문제1

A		밑		음	의		역		사	
B	사		랑	의			수			고
C		소	망			의		인		내
D		사	랑			안			에	서
E	밑		음	의			교		제	
F		사			랑	과		믿		음
G	영	광				의			광	채
H		은	혜			의		보	좌	
I		믿		음			의		기	도
J	온				전	한		믿		음

1	■	사	랑	■	■	안	■	■	에	서
2	■	은	혜	■	■	의	■	보	좌	■
3	■	사	■	■	랑	과	■	믿	■	음
4	■	믿	■	음	■	■	의	■	기	도
5	■	소	망	■	■	의	■	인	■	내
6	사	■	랑	의	■	■	수	■	■	고
7	온	■	■	■	전	한	■	믿	■	음
8	믿	■	음	의	■	■	교	■	제	■
9	영	광	■	■	■	의	■	■	광	채
10	■	밑	■	음	의	■	역	■	사	■

A	B	C	D	E	F	G	H	I	J
10	6	5	1	8	3	9	2	4	7

문제2

A		사		랑		과		선		행
B		은		혜			와	평	강	
C	정	결				한	행		실	
D	믿		음			의		시	련	
E		영	혼			의	구		원	
F	주		께		맡		기			라
G		믿	음			의		기		도
H	복		있		는			사	람	
I		응	답			하			소	서
J		충		만		한		기	쁨	

1	믿	■	음	■	■	의	■	시	련	■
2	복	■	있	■	는	■	■	사	람	■
3	■	영	혼	■	■	의	구	■	원	■
4	■	믿	음	■	■	의	■	기	■	도
5	■	응	답	■	■	하	■	■	소	서
6	■	충	■	만	■	한	■	기	쁨	■
7	■	사	■	랑	■	과	■	선	■	행
8	정	결	■	■	■	한	행	■	실	■
9	주	■	께	■	맡	■	기	■	■	라
10	■	은	■	혜	■	■	와	평	강	■

A	B	C	D	E	F	G	H	I	J
7	10	8	1	3	9	4	2	5	6

문제3

A		하		나		님			의	도
B	마		음			의	묵		상	
C		영	혼			을		소	생	
D	성			실	과		정		직	
E		생		명	의		능		력	
F	영			광			과		능	력
G		구		원		의		요	새	
H	선			택		된		백	성	
I		생		명		의	원	천		
J		선	을			행			하	라

1	성			실	과		정		직	
2		생		명	의		능		력	
3		구		원		의		요	새	
4	선			택		된		백	성	
5		하		나		님			의	도
6		생		명		의	원	천		
7		선	을			행			하	라
8		영	혼			을		소	생	
9	영			광			과		능	력
10	마		음			의	묵		상	

A	B	C	D	E	F	G	H	I	J
5	10	8	1	2	9	3	4	6	7

지그재그 도미노

도미노 5개를 아래 도미노 고리에 넣어서 완전한 고리를 완성해 보세요. 반드시 같은 단어가 서로 맞닿게 놓아야 합니다.

문제1

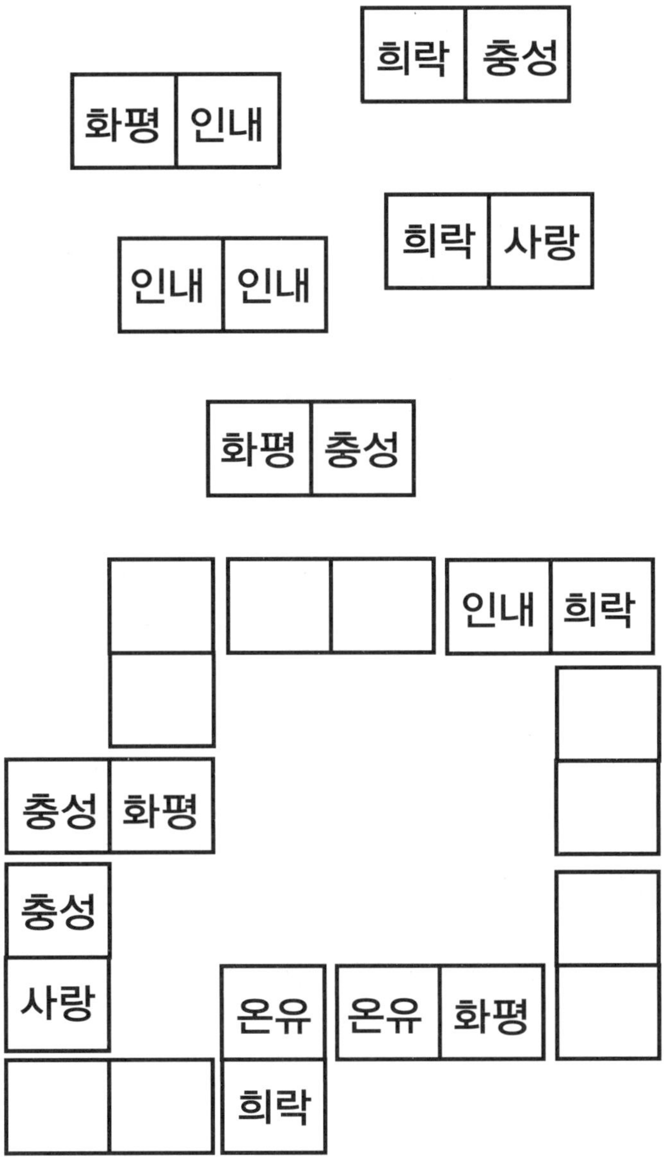

지그재그 도미노

도미노 5개를 아래 도미노 고리에 넣어서 완전한 고리를 완성해 보세요. 반드시 같은 단어가 서로 맞닿게 놓아야 합니다.

문제2

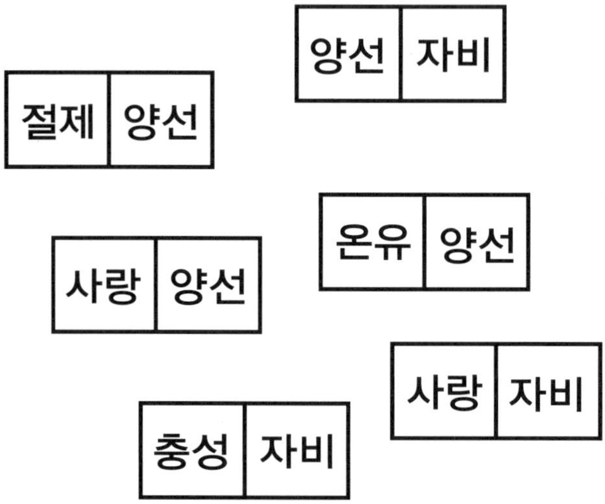

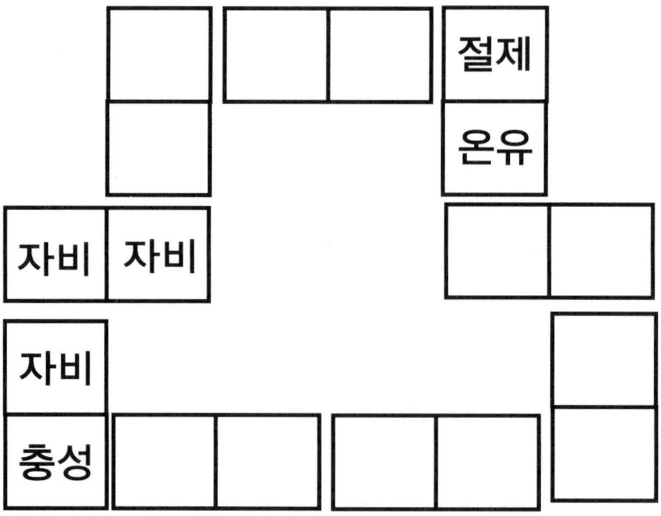

지그재그 도미노

도미노 5개를 아래 도미노 고리에 넣어서 완전한 고리를 완성해 보세요. 반드시 같은 단어가 서로 맞닿게 놓아야 합니다.

문제3

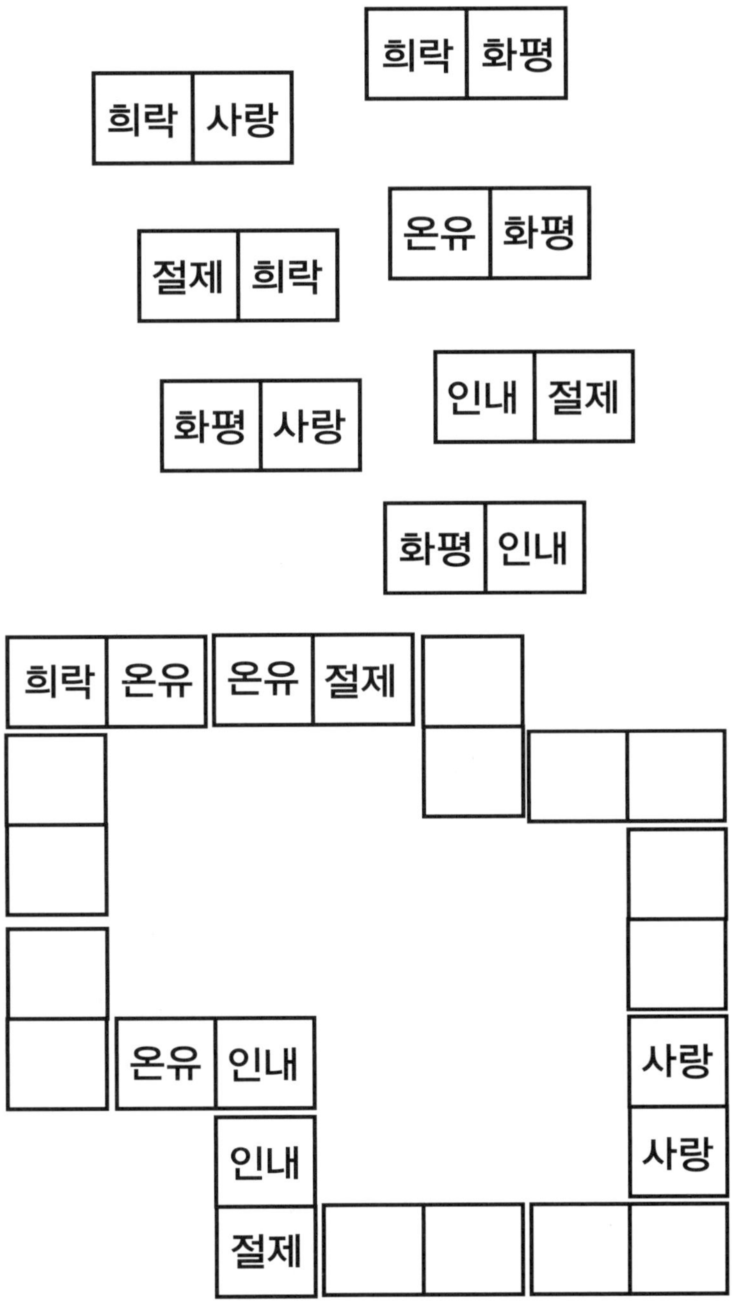

정답

문제1

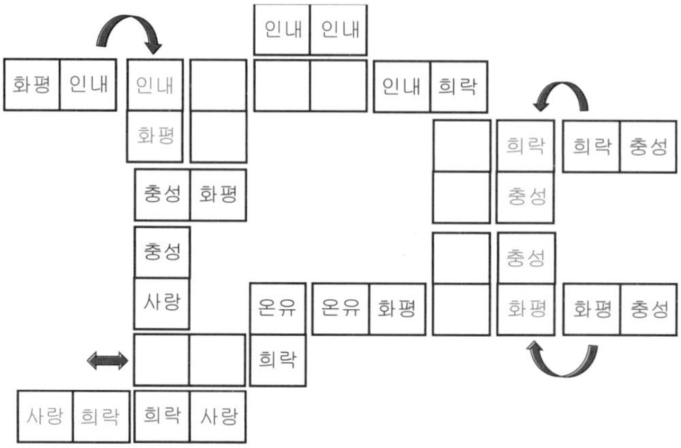

문제2

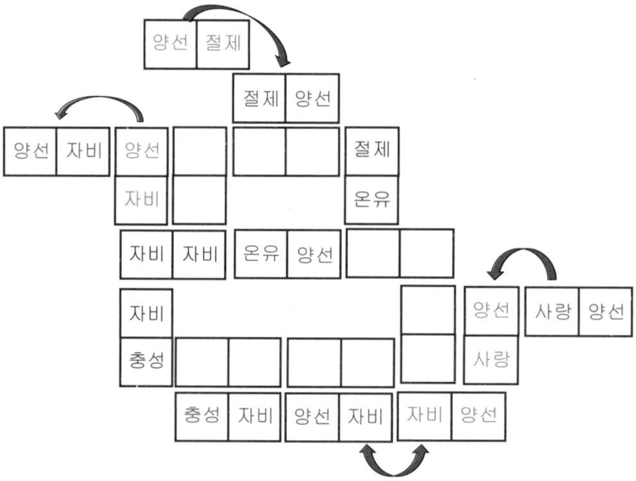

문제3

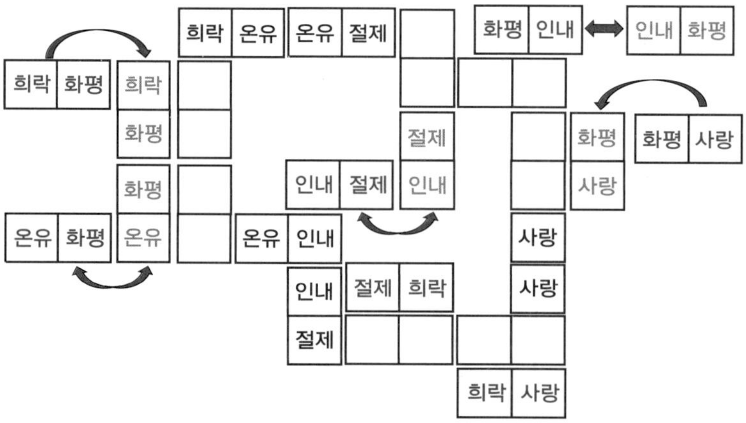

서로 마주 보는 단어 찾기

9개의 격자판으로 구성된 카드가 9개(A ~I) 있습니다. 카드를 회전시키지 않고 그대로 놓은 상태에서 각 열과 행의 가운데 칸 단어가 서로 동일한 것끼리 만나도록 맨 밑의 빈칸 9개에 카드를 각각 배치해 보세요.

문제1

A

온유	자비	양선
사랑	화평	충성
희락	인내	절제

B

인내	사랑	온유
화평	희락	충성
양선	절제	자비

C

온유	양선	사랑
충성	희락	화평
인내	절제	자비

D

절제	인내	양선
자비	온유	희락
화평	사랑	충성

E

희락	자비	절제
충성	인내	화평
양선	사랑	온유

F

화평	온유	희락
자비	충성	사랑
절제	양선	인내

G

화평	양선	충성
희락	절제	자비
사랑	온유	인내

H

사랑	온유	양선
충성	희락	화평
절제	인내	자비

I

사랑	절제	양선
희락	온유	화평
인내	자비	충성

서로 마주 보는 단어 찾기

9개의 격자판으로 구성된 카드가 9개(A ~I) 있습니다. 카드를 회전시키지 않고 그대로 놓은 상태에서 각 열과 행의 가운데 칸 단어가 서로 동일한 것끼리 만나도록 맨 밑의 빈칸 9개에 카드를 각각 배치해 보세요.

문제2

A

용서	평강	찬송
은혜	성결	겸손
위로	충만	감사

B

찬송	충만	은혜
겸손	평강	용서
감사	성결	위로

C

은혜	평강	감사
충만	겸손	위로
성결	찬송	용서

D

위로	감사	용서
성결	은혜	겸손
찬송	평강	충만

E

겸손	충만	평강
은혜	감사	용서
성결	찬송	위로

F

평강	성결	용서
위로	은혜	겸손
찬송	충만	감사

G

평강	성결	위로
용서	찬송	은혜
충만	감사	겸손

H

찬송	위로	평강
성결	용서	충만
겸손	감사	은혜

I

용서	찬송	감사
은혜	충만	성결
겸손	위로	평강

서로 마주 보는 단어 찾기

9개의 격자판으로 구성된 카드가 9개(A ~I) 있습니다. 카드를 회전시키지 않고 그대로 놓은 상태에서 각 열과 행의 가운데 칸 단어가 서로 동일한 것끼리 만나도록 맨 밑의 빈칸 9개에 카드를 각각 배치해 보세요.

문제3

A

은혜	경건	믿음
소망	지혜	진리
성결	사랑	기쁨

B

지혜	사랑	성결
기쁨	은혜	믿음
진리	소망	경건

C

사랑	성결	은혜
진리	경건	기쁨
소망	지혜	믿음

D

성결	지혜	은혜
믿음	기쁨	경건
진리	사랑	소망

E

믿음	지혜	은혜
기쁨	사랑	소망
진리	경건	성결

F

기쁨	사랑	경건
진리	은혜	믿음
소망	성결	지혜

G

기쁨	사랑	믿음
소망	진리	은혜
경건	성결	지혜

H

믿음	소망	진리
경건	사랑	은혜
지혜	성결	기쁨

I

소망	성결	경건
은혜	기쁨	믿음
지혜	사랑	진리

정답

문제1

F

화평	온유	희락
자비	충성	사랑
절제	양선	인내

A

온유	자비	양선
사랑	화평	충성
희락	인내	절제

C

온유	양선	사랑
충성	희락	화평
인내	절제	자비

G

화평	양선	충성
희락	절제	자비
사랑	온유	인내

D

절제	인내	양선
자비	온유	희락
화평	사랑	충성

I

사랑	절제	양선
희락	온유	화평
인내	자비	충성

H

사랑	온유	양선
충성	희락	화평
절제	인내	자비

B

인내	사랑	온유
화평	희락	충성
양선	절제	자비

E

희락	자비	절제
충성	인내	화평
양선	사랑	온유

F	A	C
G	D	I
H	B	E

문제2

겸손	충만	평강
은혜	감사	용서
성결	찬송	위로

평강	성결	위로
용서	찬송	은혜
충만	감사	겸손

용서	평강	찬송
은혜	성결	겸손
위로	충만	감사

I

용서	찬송	감사
은혜	충만	성결
겸손	위로	평강

D

위로	감사	용서
성결	은혜	겸손
찬송	평강	충만

B

찬송	충만	은혜
겸손	평강	용서
감사	성결	위로

H

찬송	위로	평강
성결	용서	충만
겸손	감사	은혜

C

은혜	평강	감사
충만	겸손	위로
성결	찬송	용서

F

평강	성결	용서
위로	은혜	겸손
찬송	충만	감사

E	G	A
I	D	B
H	C	F

문제3

E

믿음	지혜	은혜
기쁨	사랑	소망
진리	경건	성결

G

기쁨	사랑	믿음
소망	진리	은혜
경건	성결	지혜

I

소망	성결	경건
은혜	기쁨	믿음
지혜	사랑	진리

A

은혜	경건	믿음
소망	지혜	진리
성결	사랑	기쁨

C

사랑	성결	은혜
진리	경건	기쁨
소망	지혜	믿음

B

지혜	사랑	성결
기쁨	은혜	믿음
진리	소망	경건

F

기쁨	사랑	경건
진리	은혜	믿음
소망	성결	지혜

D

성결	지혜	은혜
믿음	기쁨	경건
진리	사랑	소망

H

믿음	소망	진리
경건	사랑	은혜
지혜	성결	기쁨

E	G	I
A	C	B
F	D	H

하니콤

정육각형이 모여서 벌집 모양이 되었습니다. 벌집 모양에서 정육각형 5개를 붙여서 떼어 냈을 때 벌집에 없었던 것은 어느 것일까요?

문제1

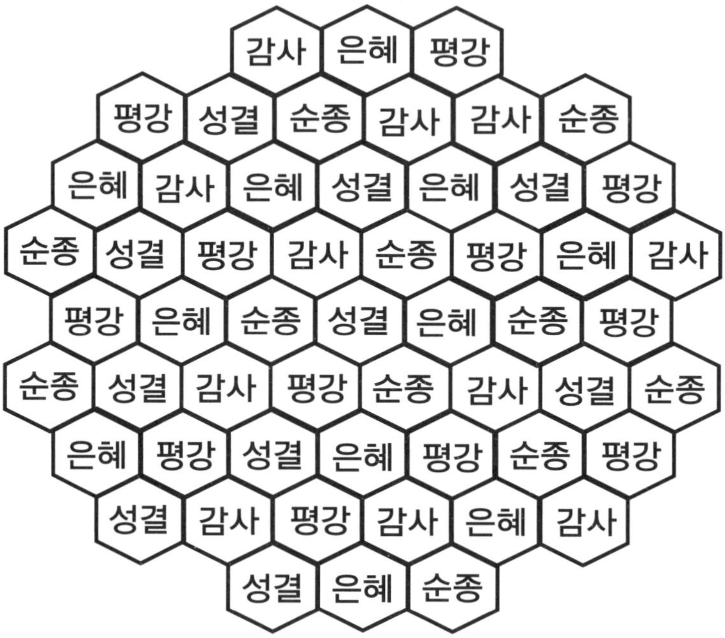

1

2

3

4

하니콤

정육각형이 모여서 벌집 모양이 되었습니다. 벌집 모양에서 정육각형 5개를 붙여서 떼어 냈을 때 벌집에 없었던 것은 어느 것일까요?

문제2

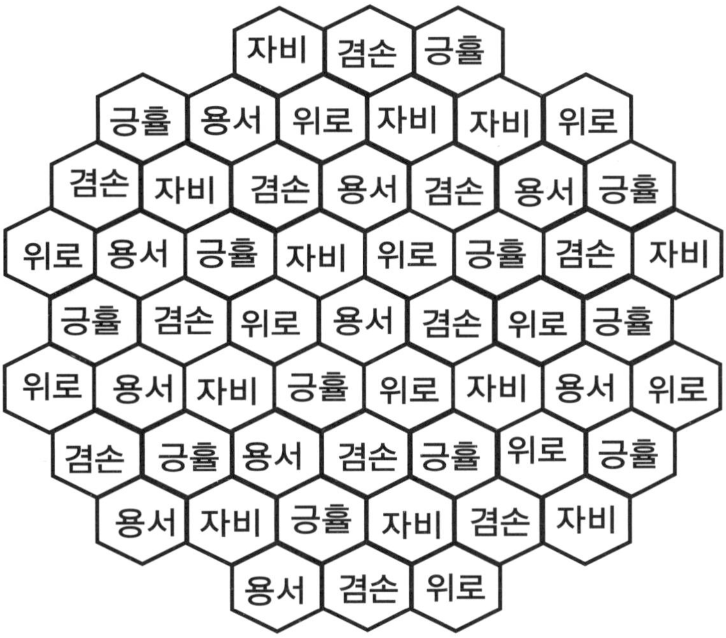

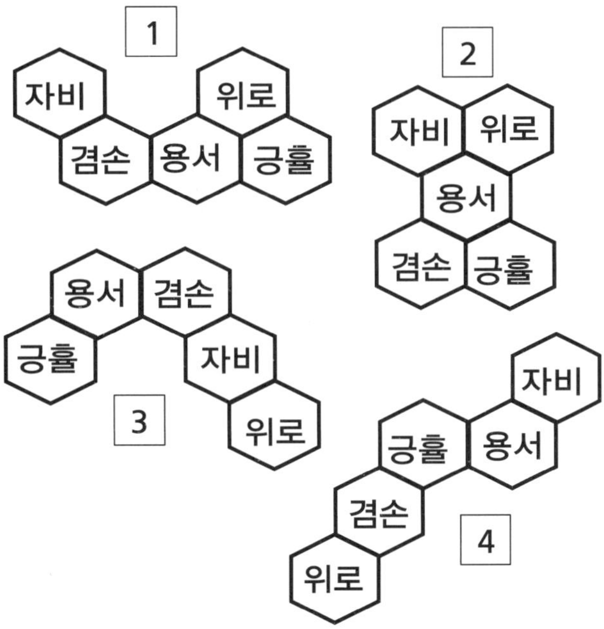

하니콤

정육각형이 모여서 벌집 모양이 되었습니다. 벌집 모양에서 정육각형 5개를 붙여서 떼어 냈을 때 벌집에 없었던 것은 어느 것일까요?

문제3

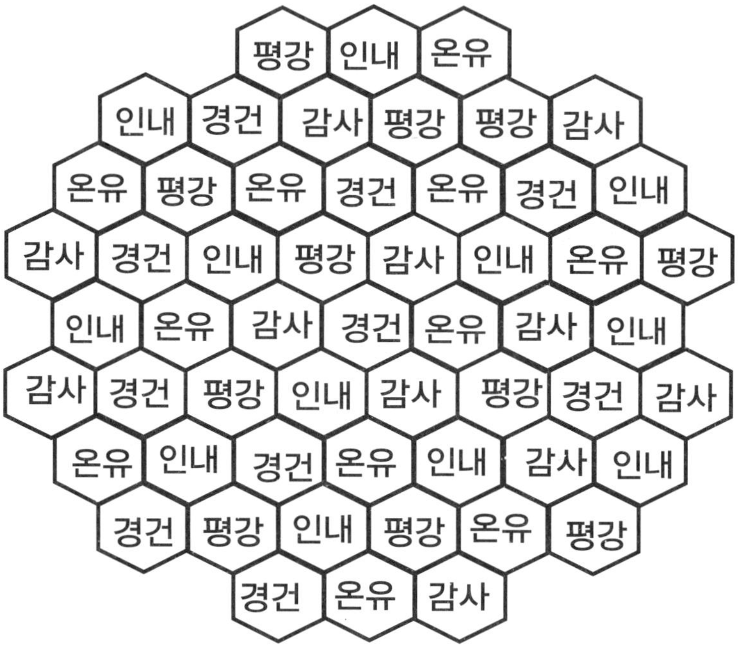

1

2

3

4

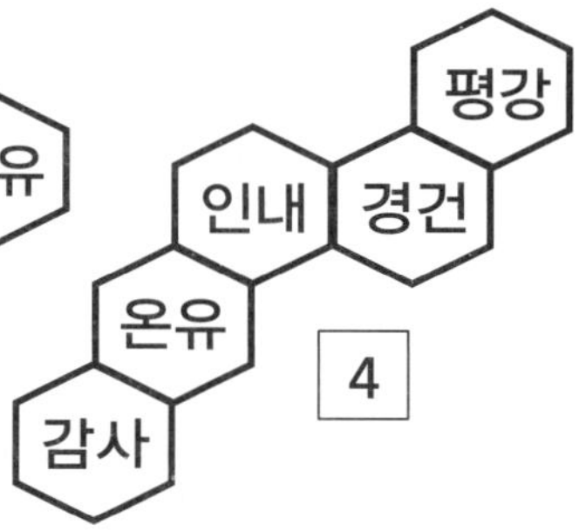

정답

문제1

2번

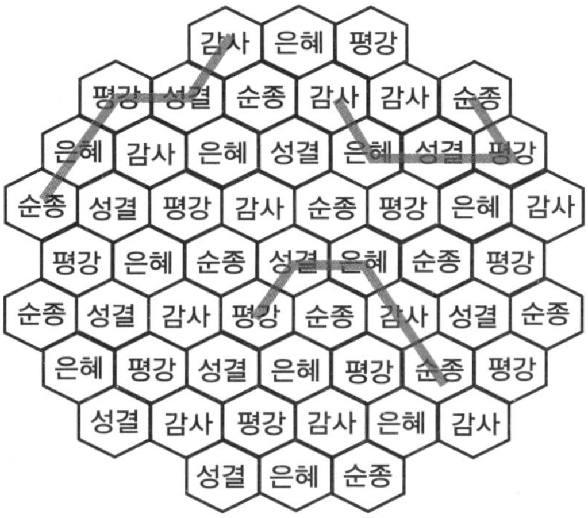

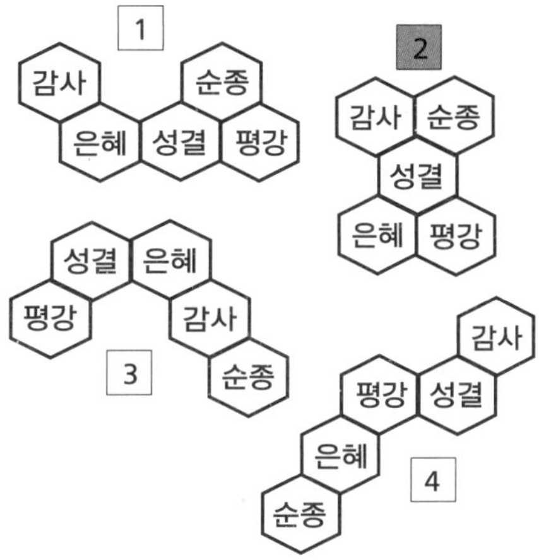

문제2

2번

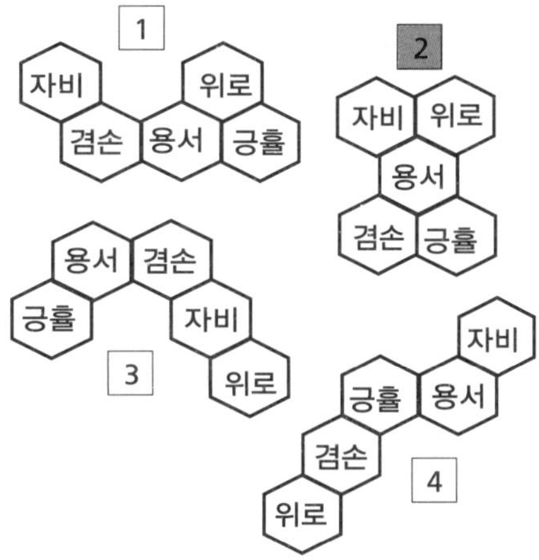

문제3

3번

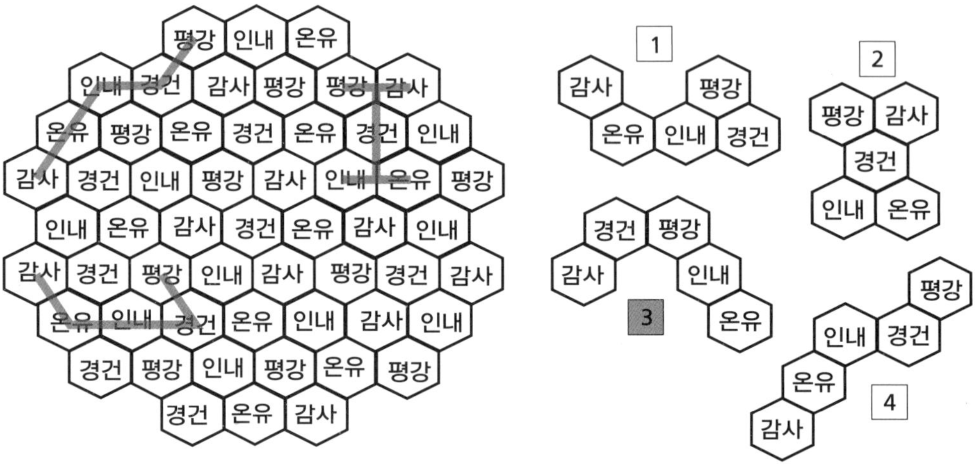

규칙 찾기

5개의 보기 중 빈 칸에 들어갈 것은 어떤 것인가요?

문제1

온유	평강	인내	사랑	긍휼	용서	성결	온유	평강	인내
온유	평강	인내	사랑	긍휼	용서	성결	온유	평강	사랑
성결	온유	평강	인내	사랑	긍휼	용서	성결	인내	긍휼
용서	성결	성결	온유			사랑	온유	사랑	용서
긍휼	용서	용서					평강	긍휼	성결
사랑	긍휼	긍휼					인내	용서	온유
인내	사랑	사랑	인내			성결	사랑	성결	평강
평강	인내	인내	평강	온유	성결	용서	긍휼	온유	인내
온유	평강	온유	성결	용서	긍휼	사랑	인내	평강	사랑
성결	용서	긍휼	사랑	인내	평강	온유	성결	용서	긍휼

1

	긍휼	용서	
평강	용서	성결	긍휼
인내	성결	온유	용서
	온유	평강	

2

	평강	인내	
성결	온유	평강	인내
용서	성결	온유	평강
	사랑	긍휼	

3

	평강	인내	
온유	평강	인내	사랑
긍휼	용서	평강	온유
	사랑	성결	

4

	긍휼	사랑	
인내	온유	인내	평강
성결	사랑	용서	사랑
	긍휼	온유	

5

	평강	인내	
긍휼	용서	성결	긍휼
사랑	평강	온유	용서
	평강	온유	

규칙 찾기

5개의 보기 중 빈 칸에 들어갈 것은 어떤 것인가요?

문제2

믿음	사랑	온유	절제	믿음	사랑	절제	믿음	자비	인내
자비	소망	믿음	절제	자비	온유	사랑	사랑	소망	믿음
인내	사랑	온유	인내	소망	자비	믿음	온유	절제	사랑
자비	소망	소망	인내			절제	온유	자비	사랑
인내	온유	자비					인내	믿음	자비
절제	사랑	온유					절제	인내	온유
믿음	절제	인내	자비			온유	소망	소망	절제
믿음	자비	인내	사랑	절제	소망	온유	인내	믿음	온유
사랑	소망	믿음	믿음	인내	절제	자비	사랑	소망	절제
온유	절제	사랑	자비	믿음	사랑	자비	인내	믿음	사랑

1

	절제	사랑	
자비	믿음	절제	온유
소망	믿음	자비	인내
	사랑	소망	

2

	믿음	사랑	
절제	자비	소망	온유
자비	인내	사랑	믿음
	자비	소망	

3

	인내	자비	
사랑	인내	사랑	절제
절제	믿음	믿음	소망
	사랑	자비	

4

	인내	절제	
소망	온유	믿음	소망
소방	사랑	인내	소망
	자비	온유	

5

	믿음	자비	
소망	사랑	소망	인내
믿음	온유	절제	온유
	온유	자비	

정답

문제1

5

온유, 평강, 인내, 사랑, 긍휼, 용서, 성결, 온유를 외곽부터 달팽이 안쪽으로

온유	평강	인내	사랑	긍휼	용서	성결	온유	평강	인내
온유	평강	인내	사랑	긍휼	용서	성결	온유	평강	사랑
성결	온유	평강	인내	사랑	긍휼	용서	성결	인내	긍휼
용서	성결	성결	온유	평강	인내	사랑	온유	사랑	용서
긍휼	용서	용서	긍휼	용서	성결	긍휼	평강	긍휼	성결
사랑	긍휼	긍휼	사랑	평강	온유	용서	인내	용서	온유
인내	사랑	사랑	인내	평강	온유	성결	사랑	성결	평강
평강	인내	인내	평강	온유	성결	용서	긍휼	온유	인내
온유	평강	온유	성결	용서	긍휼	사랑	인내	평강	사랑
성결	용서	긍휼	사랑	인내	평강	온유	성결	용서	긍휼

문제2

4

믿음, 사랑, 자비, 인내, 소망, 온유, 절제를 좌측 위로부터 사선으로 지그재그

믿음	사랑	온유	절제	믿음	사랑	절제	믿음	자비	인내
자비	소망	믿음	절제	자비	온유	사랑	사랑	소망	믿음
인내	사랑	온유	인내	소망	자비	믿음	온유	절제	사랑
자비	소망	소망	인내	인내	절제	절제	온유	자비	사랑
인내	온유	자비	소망	온유	믿음	소망	인내	믿음	자비
절제	사랑	온유	소망	사랑	인내	소망	절제	인내	온유
믿음	절제	인내	자비	자비	온유	온유	소망	소망	절제
믿음	자비	인내	사랑	절제	소망	온유	인내	믿음	온유
사랑	소망	믿음	믿음	인내	절제	자비	사랑	소망	절제
온유	절제	사랑	자비	믿음	사랑	자비	인내	믿음	사랑

영역 나누기 A

아래 도형을 똑같은 모양으로 6등분하되, 잘린 각 그룹에서 “은혜”는 1개, “진리”는 2개씩 들어갈 수 있도록 선을 따라서 나누어 보세요.

예제

		은혜	은혜	진리	
진리	진리	진리	진리		진리
	은혜			진리	
은혜	진리	은혜	진리		은혜
	진리	진리			진리

정답

영역 나누기 A

문제1

아래 도형을 똑같은 모양으로 6등분하되, 잘린 각 그룹에서 “절제”는 1개, “온유”는 2개씩 들어갈 수 있도록 선을 따라서 나누어 보세요.

	온유		절제	온유
온유		온유		
절제	온유		온유	
절제	온유		절제	온유
	온유	절제	온유	온유
	온유		절제	

문제2

아래 도형을 똑같은 모양으로 6등분하되, 잘린 각 그룹에서 “인내”는 1개, “평강”은 2개씩 들어갈 수 있도록 선을 따라서 나누어 보세요.

평강			평강	평강	
인내		평강	인내	평강	인내
	평강			인내	
평강		평강	평강	평강	평강
	평강	인내	인내		

영역 나누기 A

문제3

아래 도형을 똑같은 모양으로 6등분하되, 잘린 각 그룹에서 "겸손"은 1개, "순종"은 2개씩 들어갈 수 있도록 선을 따라서 나누어 보세요.

	겸손		순종	
순종	순종	겸손	순종	
순종	겸손		순종	겸손
	순종		순종	겸손
		순종		순종
순종	겸손		순종	

문제4

아래 도형을 모두 사용하여 임의의 6개의 칸을 한 그룹으로 한 6개 그룹으로 만들 때, 잘린 각 그룹에서 "절제"는 1개, "온유"는 2개씩 들어갈 수 있도록 선을 따라서 나누어 보세요.

절제		온유	온유		절제
		온유			
온유	절제		절제	온유	
온유				절제	온유
온유		온유	온유		
	절제		온유	온유	

영역 나누기 A

문제5

아래 도형을 모두 사용하여 임의의 6개의 칸을 한 그룹으로 한 6개 그룹으로 만들 때, 잘린 각 그룹에서 “인내”는 1개, “평강”은 2개씩 들어갈 수 있도록 선을 따라서 나누어 보세요.

인내			평강		
		평강	인내		평강
평강		인내		평강	평강
평강	평강			평강	
		인내			인내
인내		평강	평강	평강	

문제6

아래 도형을 모두 사용하여 임의의 6개의 칸을 한 그룹으로 한 6개 그룹으로 만들 때, 잘린 각 그룹에서 “기도”는 1개, “찬송”는 2개씩 들어갈 수 있도록 선을 따라서 나누어 보세요.

	찬송	찬송		기도	
		찬송	찬송		찬송
찬송	기도				찬송
	찬송	기도		기도	찬송
			찬송		
기도		찬송	찬송		기도

영역 나누기 A

문제7

아래 도형을 모두 사용하여 임의의 6개의 칸을 한 그룹으로 한 6개 그룹으로 만들 때, 잘린 각 그룹에서 "위로"는 1개, "감사"는 2개씩 들어갈 수 있도록 선을 따라서 나누어 보세요.

	감사	감사	감사		위로
위로			위로		
	감사			감사	감사
감사	감사		위로		감사
감사		위로	감사		
		감사			위로

문제8

아래 도형을 모두 사용하여 임의의 6개의 칸을 한 그룹으로 한 6개 그룹으로 만들 때, 잘린 각 그룹에서 "충성"은 1개, "절제"는 2개씩 들어갈 수 있도록 선을 따라서 나누어 보세요.

절제		충성	충성		절제
	절제			절제	
	절제		충성		
충성		절제			절제
	충성	절제		절제	
절제			충성		절제

영역 나누기 A

문제9

아래 도형을 모두 사용하여 임의의 6개의 칸을 한 그룹으로 한 6개 그룹으로 만들 때, 잘린 각 그룹에서 "평강"은 1개, "온유"는 2개씩 들어갈 수 있도록 선을 따라서 나누어 보세요.

온유			온유		온유
	온유	온유		온유	
평강		평강			평강
평강			온유	온유	
	온유	온유		평강	
온유			평강		온유

문제10

아래 도형을 모두 사용하여 임의의 6개의 칸을 한 그룹으로 한 6개 그룹으로 만들 때, 잘린 각 그룹에서 "인내"는 1개, "자비"는 2개씩 들어갈 수 있도록 선을 따라서 나누어 보세요.

자비		인내			자비
	자비		자비	인내	
자비			자비		인내
	자비	인내		자비	
	자비			자비	
자비		인내	인내		자비

영역 나누기 A

문제11

아래 도형을 모두 사용하여 임의의 6개의 칸을 한 그룹으로 한 6개 그룹으로 만들 때, 잘린 각 그룹에서 "희락"은 1개, "화평"은 2개씩 들어갈 수 있도록 선을 따라서 나누어 보세요.

화평		희락			화평
	희락		화평	화평	
	화평	화평			희락
희락			희락		희락
	화평		화평	화평	
화평		화평			화평

문제12

아래 도형을 모두 사용하여 임의의 6개의 칸을 한 그룹으로 한 6개 그룹으로 만들 때, 잘린 각 그룹에서 "마태"는 1개, "누가"는 2개씩 들어갈 수 있도록 선을 따라서 나누어 보세요.

누가	마태		누가		
		마태		누가	누가
	누가	누가		누가	
마태	누가		마태		
			누가		누가
누가	마태			누가	마태

영역 나누기 A

문제13

아래 도형을 모두 사용하여 임의의 6개의 칸을 한 그룹으로 한 6개 그룹으로 만들 때, 잘린 각 그룹에서 "마태"는 1개, "누가"는 2개씩 들어갈 수 있도록 선을 따라서 나누어 보세요.

	요한			요한	마가
	요한	요한			요한
요한			마가	요한	
	마가	요한			
마가		요한	요한		마가
요한			마가		요한

문제14

아래 도형을 모두 사용하여 임의의 6개의 칸을 한 그룹으로 한 6개 그룹으로 만들 때, 잘린 각 그룹에서 "사랑"은 1개, "희락"은 2개씩 들어갈 수 있도록 선을 따라서 나누어 보세요.

사랑	희락			사랑	희락
희락		희락			
		사랑		희락	사랑
	희락		희락	희락	
희락	희락		사랑		
		희락		사랑	희락

영역 나누기 A

문제15

아래 도형을 모두 사용하여 임의의 6개의 칸을 한 그룹으로 한 6개 그룹으로 만들 때, 잘린 각 그룹에서 "충성"은 1개, "온유"는 2개씩 들어갈 수 있도록 선을 따라서 나누어 보세요.

온유		충성			온유
충성		온유	온유		충성
			온유	충성	
	온유	충성			온유
온유			온유	온유	
충성	온유			온유	

문제16

아래 도형을 모두 사용하여 임의의 6개의 칸을 한 그룹으로 한 6개 그룹으로 만들 때, 잘린 각 그룹에서 "인내"는 1개, "절제"는 2개씩 들어갈 수 있도록 선을 따라서 나누어 보세요.

절제		절제			인내
		인내	인내		
절제		절제	절제	절제	
인내		인내	인내		절제
				절제	
	절제	절제	절제		절제

영역 나누기 A

문제17

아래 도형을 모두 사용하여 임의의 6개의 칸을 한 그룹으로 한 6개 그룹으로 만들 때, 잘린 각 그룹에서 “자비”는 1개, “양선”은 2개씩 들어갈 수 있도록 선을 따라서 나누어 보세요.

자비			양선		양선
		양선		양선	
	자비	양선	자비		양선
양선	자비	양선	자비		양선
					양선
양선		양선	자비		

문제18

아래 도형을 모두 사용하여 임의의 6개의 칸을 한 그룹으로 한 6개 그룹으로 만들 때, 잘린 각 그룹에서 “은혜”는 1개, “평강”은 2개씩 들어갈 수 있도록 선을 따라서 나누어 보세요.

평강		평강	평강	평강	
	평강				
평강		은혜	은혜		은혜
	평강	평강	평강		평강
		은혜	은혜		
은혜			평강		평강

영역 나누기 A

문제19

아래 도형을 모두 사용하여 임의의 6개의 칸을 한 그룹으로 한 6개 그룹으로 만들 때, 잘린 각 그룹에서 "성결"는 1개, "경건"은 2개씩 들어갈 수 있도록 선을 따라서 나누어 보세요.

		성결	경건		경건
경건					
경건		성결	경건	성결	경건
경건		성결	경건	성결	
	경건		경건		
경건		경건			성결

문제20

아래 도형을 모두 사용하여 임의의 6개의 칸을 한 그룹으로 한 6개 그룹으로 만들 때, 잘린 각 그룹에서 "믿음"은 1개, "소망"은 2개씩 들어갈 수 있도록 선을 따라서 나누어 보세요.

소망	믿음		믿음		소망
	믿음		소망		
		소망		소망	믿음
	소망	소망	소망	소망	
소망					
	믿음	소망		믿음	소망

정답

문제1

	온유		절제	온유
온유		온유		
절제	온유		온유	
절제	온유		절제	온유
	온유	절제	온유	온유
	온유		절제	

문제2

평강			평강	평강	
인내		평강	인내	평강	인내
	평강			인내	
평강		평강	평강	평강	평강
	평강	인내	인내		

문제3

	겸손		순종	
순종	순종	겸손	순종	
순종	겸손		순종	겸손
	순종		순종	겸손
		순종		순종
순종	겸손		순종	

문제4

절제		온유	온유		절제
		온유			
온유	절제		절제	온유	
온유				절제	온유
온유		온유	온유		
	절제		온유	온유	

문제5

인내			평강		
		평강	인내		평강
평강		인내		평강	평강
평강	평강			평강	
		인내			인내
인내		평강	평강	평강	

문제6

	찬송	찬송		기도	
		찬송	찬송		찬송
찬송	기도				찬송
	찬송	기도		기도	찬송
			찬송		
기도		찬송	찬송		기도

문제7

	감사	감사	감사		위로
위로			위로		
	감사			감사	감사
감사	감사		위로		감사
감사		위로	감사		
		감사			위로

문제8

절제		충성	충성		절제
	절제			절제	
	절제		충성		
충성		절제			절제
	충성	절제		절제	
절제			충성		절제

문제9

온유			온유		온유
	온유	온유		온유	
평강		평강			평강
평강			온유	온유	
	온유	온유		평강	
온유			평강		온유

문제10

자비		인내			자비
	자비		자비	인내	
자비			자비		인내
	자비	인내		자비	
	자비			자비	
자비		인내	인내		자비

문제11

화평		희락			화평
	희락		화평	화평	
	화평	화평			희락
희락			희락		희락
	화평		화평	화평	
화평		화평			화평

문제12

누가	마태		누가		
		마태		누가	누가
	누가	누가		누가	
마태	누가		마태		
			누가		누가
누가	마태			누가	마태

문제13

	요한			요한	마가
	요한	요한			요한
요한			마가	요한	
	마가	요한			
마가		요한	요한		마가
요한			마가		요한

문제14

사랑	희락			사랑	희락
희락		희락			
		사랑		희락	사랑
	희락		희락	희락	
희락	희락		사랑		
		희락		사랑	희락

문제15

온유		충성			온유
충성		온유	온유		충성
			온유	충성	
	온유	충성			온유
온유			온유	온유	
충성	온유			온유	

문제16

절제		절제			인내
		인내	인내		
절제		절제	절제	절제	
인내		인내	인내		절제
				절제	
	절제	절제	절제		절제

문제17

자비			양선		양선
		양선		양선	
	자비	양선	자비		양선
양선	자비	양선	자비		양선
					양선
양선		양선	자비		

문제18

평강		평강	평강	평강	
	평강				
평강		은혜	은혜		은혜
	평강	평강	평강		평강
		은혜	은혜		
은혜			평강		평강

문제19

		성결	경건		경건
경건					
경건		성결	경건	성결	경건
경건		성결	경건	성결	
	경건		경건		
경건		경건			성결

문제20

소망	믿음		믿음		소망
	믿음		소망		
		소망		소망	믿음
	소망	소망	소망	소망	
소망					
	믿음	소망		믿음	소망

영역 나누기 B

문제1

아래 도형을 6등분하여, 잘린 각 그룹에 "사.랑.하.라" 4자가 들어가도록 분할해 보세요.

하	하	랑	사	사	사
사	하	라	하	랑	랑
라	사	라	라	하	라
랑	랑	라	사	하	랑

문제2

아래 도형을 6등분하여, 잘린 각 그룹에 "임.마.누.엘" 4자가 들어가도록 분할해 보세요.

임	임	마	엘	마	임
마	누	누	엘	누	임
임	엘	엘	누	엘	누
누	마	엘	임	마	마

영역 나누기 B

문제3

아래 도형을 6등분하여, 잘린 각 그룹에 "천.지.창.조" 4자가 들어가도록 분할해 보세요.

천	지	지	창	천	지
창	창	조	조	창	조
지	천	창	조	천	천
조	천	지	지	창	조

문제4

아래 도형을 6등분하여, 잘린 각 그룹에 "달.리.다.굼" 4자가 들어가도록 분할해 보세요.

리	달	달	굼	달	다
다	달	리	달	리	리
굼	리	다	굼	다	굼
굼	다	달	리	다	굼

영역 나누기 B

문제5

아래 도형을 6등분하여, 잘린 각 그룹에 "성.령.충.만" 4자가 들어가도록 분할해 보세요.

성	충	만	충	성	령
령	령	만	성	령	만
만	성	령	충	만	충
만	충	성	충	성	령

문제6

아래 도형을 6등분하여, 잘린 각 그룹에 "삼.위.일.체" 4자가 들어가도록 분할해 보세요.

삼	일	삼	체	일	위
위	체	위	일	일	삼
체	삼	체	삼	위	삼
일	위	위	일	체	체

영역 나누기 B

문제7

아래 도형을 6등분하여, 잘린 각 그룹에 "그.리.스.도" 4자가 들어가도록 분할해 보세요.

도	리	스	그	리	그
도	그	리	스	스	도
리	스	리	도	도	스
그	스	그	도	리	그

문제8

아래 도형을 6등분하여, 잘린 각 그룹에 "예.수.사.랑" 4자가 들어가도록 분할해 보세요.

수	사	예	예	수	사
예	랑	수	예	수	랑
랑	랑	사	예	사	랑
사	수	예	수	사	랑

영역 나누기 B

문제9

아래 도형을 6등분하여, 잘린 각 그룹에 "바.른.믿.음" 4자가 들어가도록 분할해 보세요.

른	바	믿	바	믿	음
믿	음	음	른	믿	른
바	바	른	믿	른	바
른	믿	음	음	바	음

문제10

아래 도형을 6등분하여, 잘린 각 그룹에 "선.한.싸.움" 4자가 들어가도록 분할해 보세요.

한	선	싸	싸	움	싸
움	싸	한	선	움	한
움	한	선	선	한	선
싸	선	한	움	싸	움

영역 나누기 B

문제11

아래 도형을 6등분하여, 잘린 각 그룹에 "주.를.찬.양" 4자가 들어가도록 분할해 보세요.

를	찬	양	주	를	양
주	주	찬	양	찬	양
를	찬	를	주	를	찬
양	주	를	찬	양	주

문제12

아래 도형을 6등분하여, 잘린 각 그룹에 "경.건.생.활" 4자가 들어가도록 분할해 보세요.

생	활	건	경	경	생
경	건	생	활	건	활
경	활	건	생	경	활
건	생	활	경	생	건

정답

문제1

하	하	랑	사	사	사
사	하	라	하	랑	랑
라	사	라	라	하	라
랑	랑	라	사	하	랑

문제2

임	임	마	엘	마	임
마	누	누	엘	누	임
임	엘	엘	누	엘	누
누	마	엘	임	마	마

문제3

천	지	지	창	천	지
창	창	조	조	창	조
지	천	창	조	천	천
조	천	지	지	창	조

문제4

리	달	달	굼	달	다
다	달	리	달	리	리
굼	리	다	굼	다	굼
굼	다	달	리	다	굼

문제5

성	충	만	충	성	령
령	령	만	성	령	만
만	성	령	충	만	충
만	충	성	충	성	령

문제6

삼	일	삼	체	일	위
위	체	위	일	일	삼
체	삼	체	삼	위	삼
일	위	위	일	체	체

문제7

도	리	스	그	리	그
도	그	리	스	스	도
리	스	리	도	도	스
그	스	그	도	리	그

문제8

수	사	예	예	수	사
예	랑	수	예	수	랑
랑	랑	사	예	사	랑
사	수	예	수	사	랑

문제9

른	바	믿	바	믿	음
믿	음	음	른	믿	른
바	바	른	믿	른	바
른	믿	음	음	바	음

문제10

한	선	싸	싸	움	싸
움	싸	한	선	움	한
움	한	선	선	한	선
싸	선	한	움	싸	움

문제11

를	찬	양	주	를	양
주	주	찬	양	찬	양
를	찬	를	주	를	찬
양	주	를	찬	양	주

문제12

생	활	건	경	경	생
경	건	생	활	건	활
경	활	건	생	경	활
건	생	활	경	생	건

영역 나누기 C

문제1

아래 네모 판 안에 직선을 3개 그어서 "인내, 평강, 소망"의 개수가 같은 6개 그룹을 만들어 보세요.

문제2

아래 네모 판 안에 직선을 3개 그어서 "화평, 온유, 평화"의 개수가 같은 6개 그룹을 만들어 보세요.

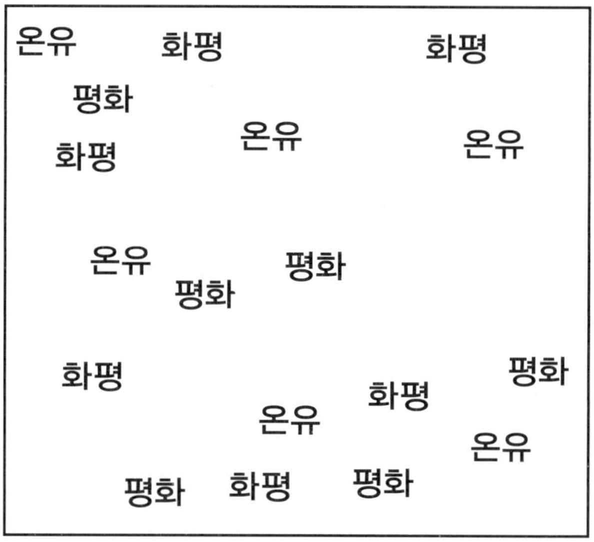

영역 나누기 C

문제3

아래 네모 판 안에 직선을 3개 그어서 “믿음, 소망, 사랑”의 개수가 같은 6개 그룹을 만들어 보세요.

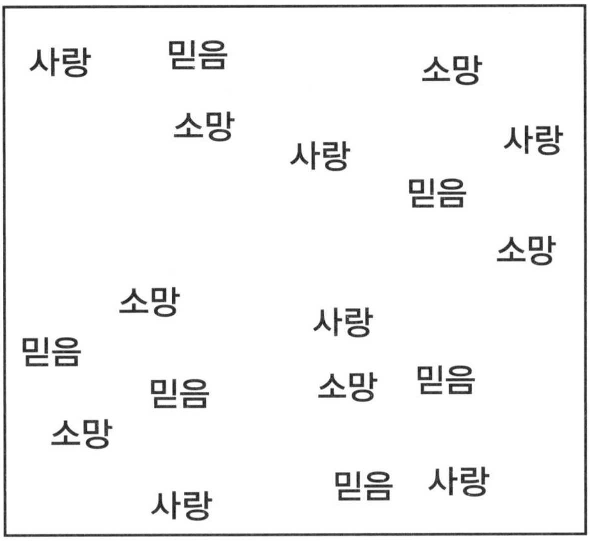

문제4

아래 네모 판 안에 직선을 3개 그어서 “기도, 아멘, 믿음”의 개수가 같은 6개 그룹을 만들어 보세요.

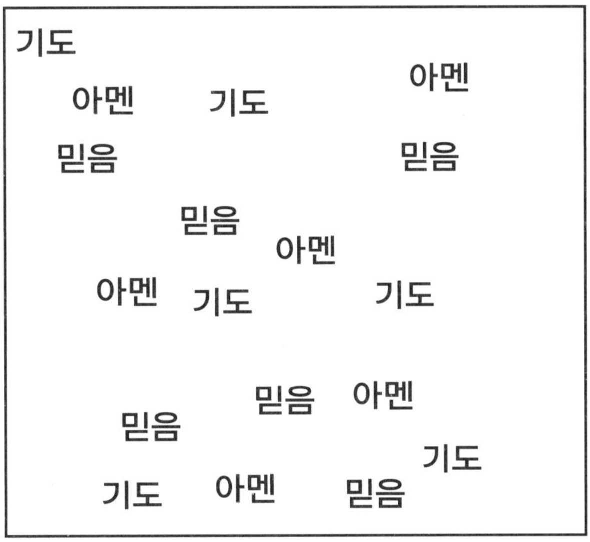

영역 나누기 C

문제5

아래 네모 판 안에 직선을 3개 그어서 “감사, 찬송, 겸손”의 개수가 같은 6개 그룹을 만들어 보세요.

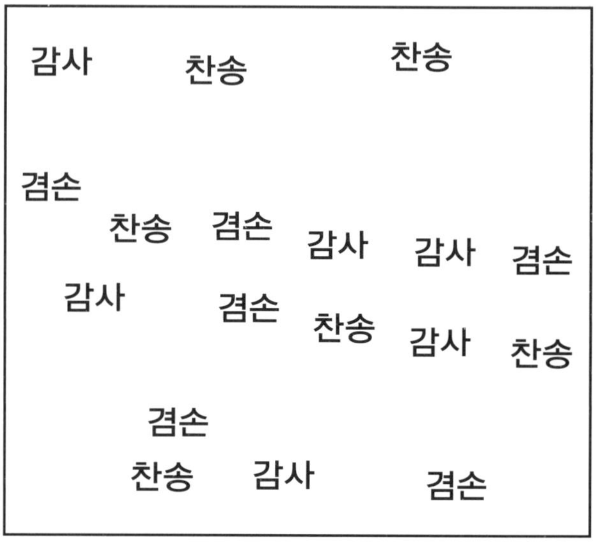

문제6

아래 네모 판 안에 직선을 3개 그어서 “축복, 승리, 감사”의 개수가 같은 6개 그룹을 만들어 보세요.

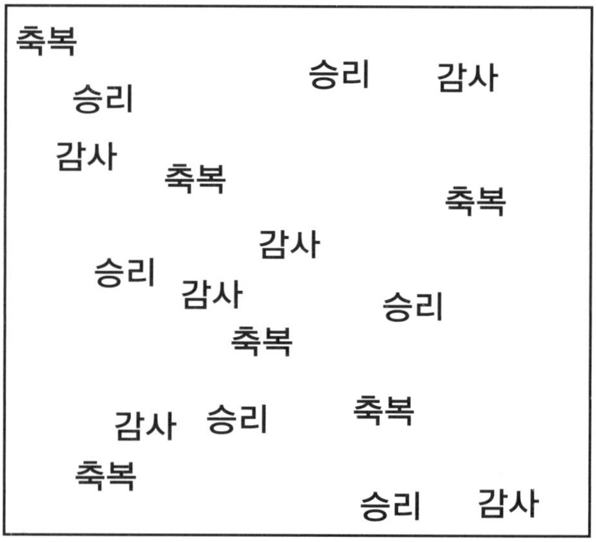

영역 나누기 C

문제7

아래 네모 판 안에 직선을 3개 그어서 “자비, 긍휼, 절제”의 개수가 같은 6개 그룹을 만들어 보세요.

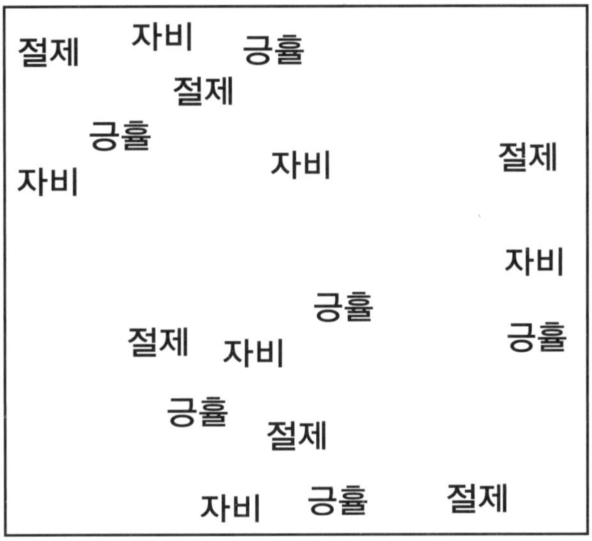

문제8

아래 네모 판 안에 직선을 3개 그어서 “성결, 겸손, 평강”의 개수가 같은 6개 그룹을 만들어 보세요.

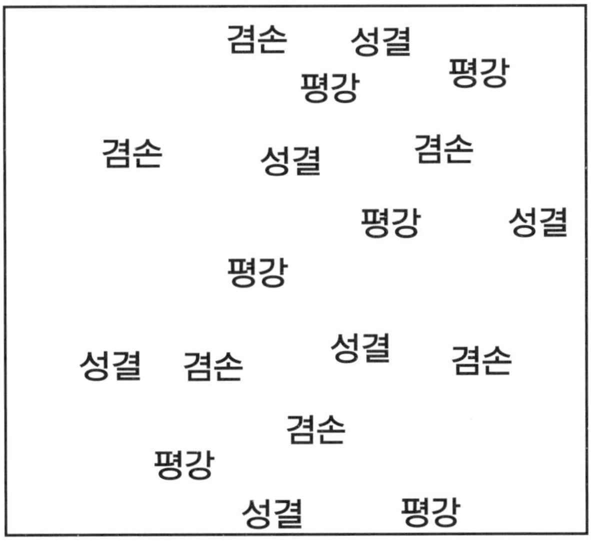

영역 나누기 C

문제9

"은혜"가 각각 1, 2, 3, 4, 5, 6, 7개씩 들어가도록 조각을 7개로 나누려고 합니다. 직선 2개는 이미 그어져 있습니다. 직선 1개를 더 그어서 위 조건을 만족시켜 보세요.

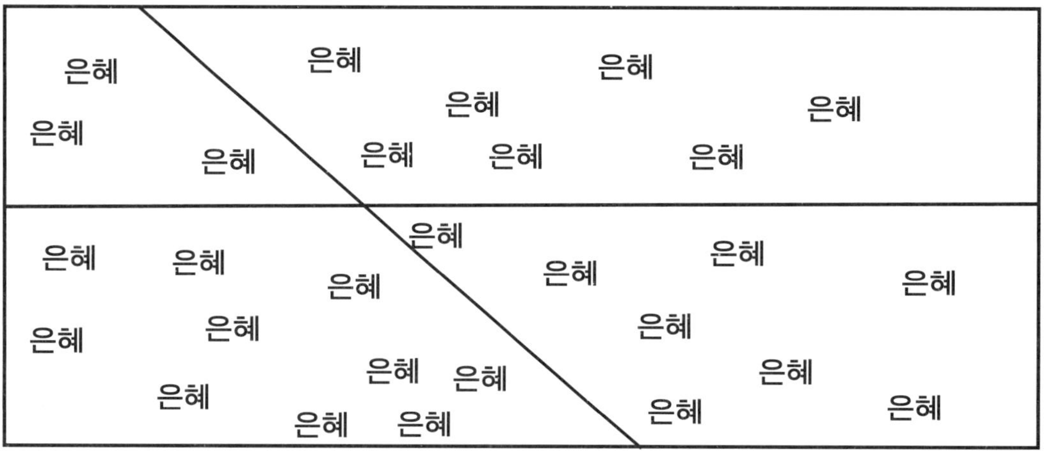

정답

문제1

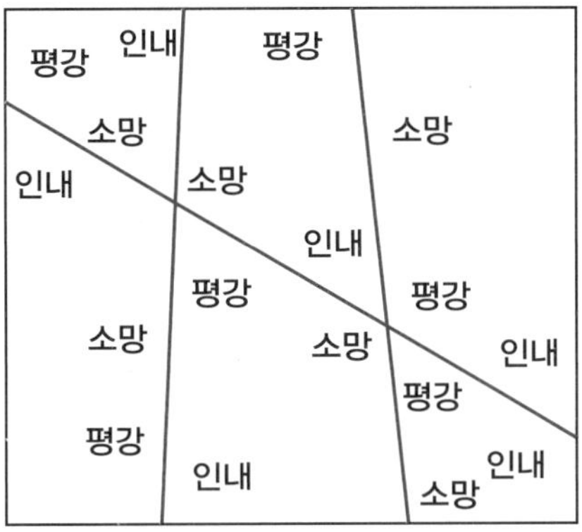

문제2

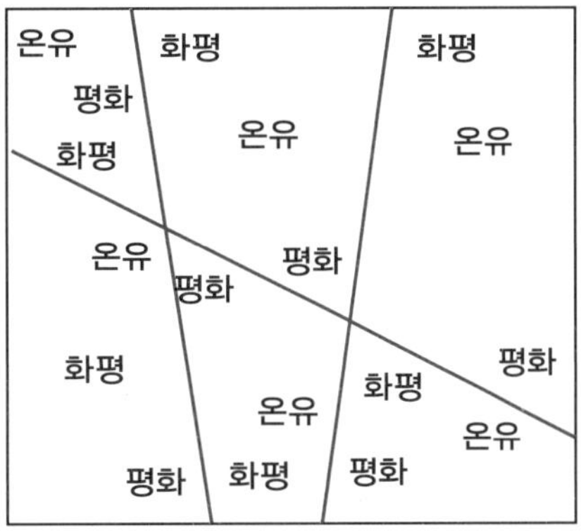

문제3

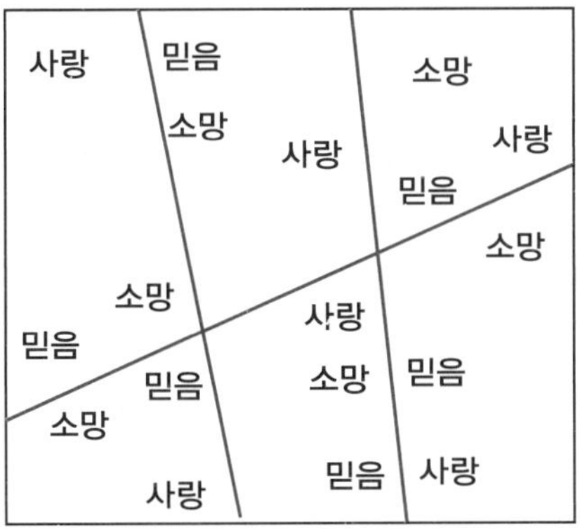

문제4

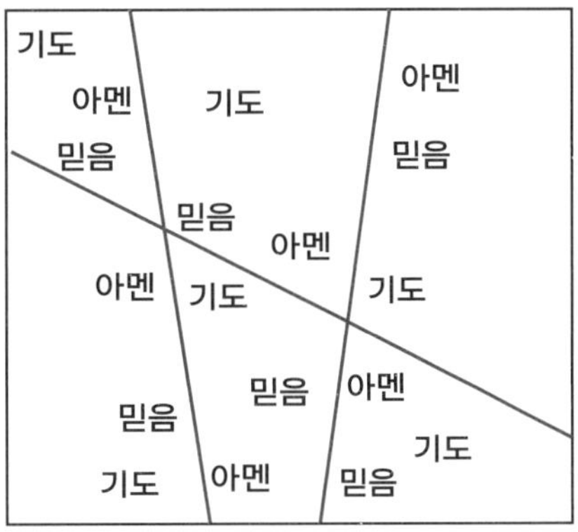

문제5

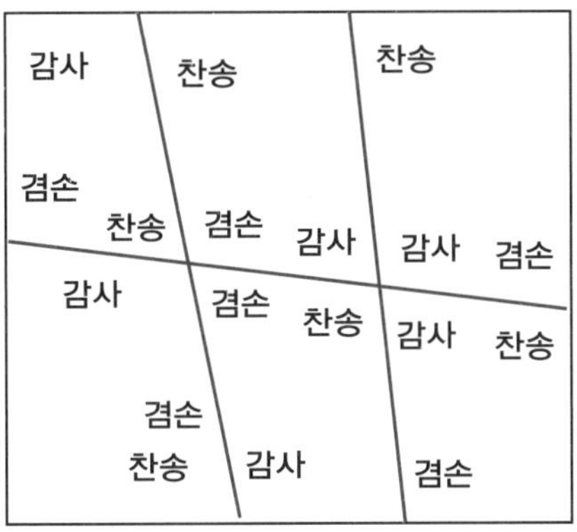

문제6

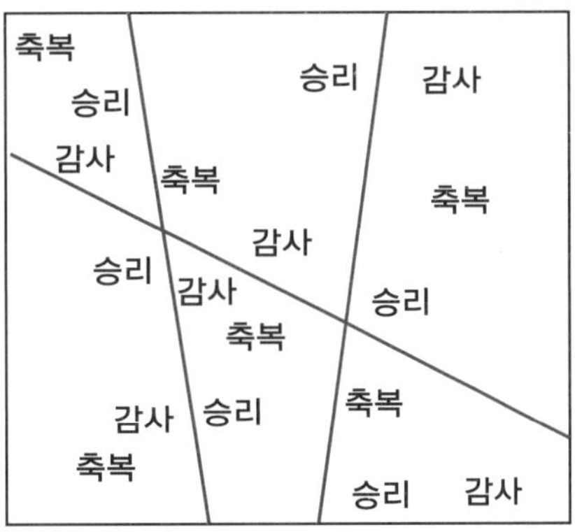

문제7

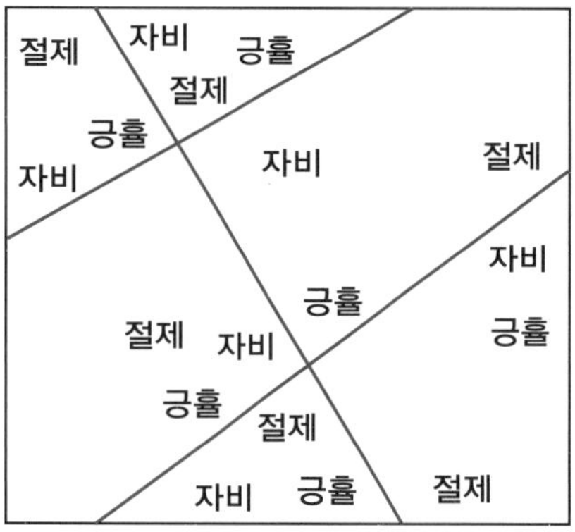
절제
자비
긍휼
절제
긍휼
자비
자비
절제
자비
긍휼
긍휼
절제
자비
긍휼
절제
자비
긍휼
절제

문제8

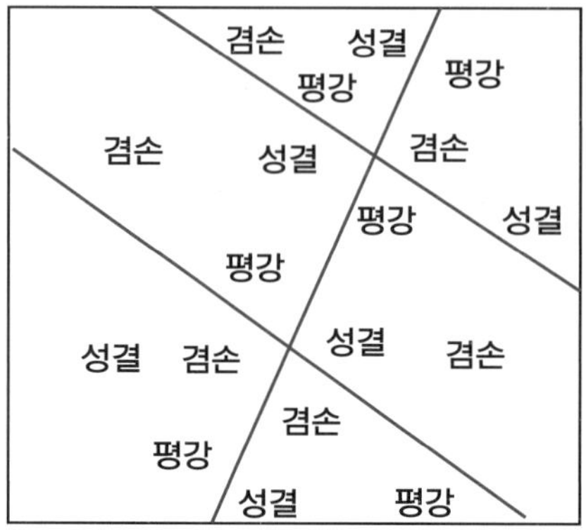
겸손
성결
평강
평강
겸손
성결
겸손
평강
성결
평강
성결
겸손
성결
겸손
겸손
평강
성결
평강

문제9

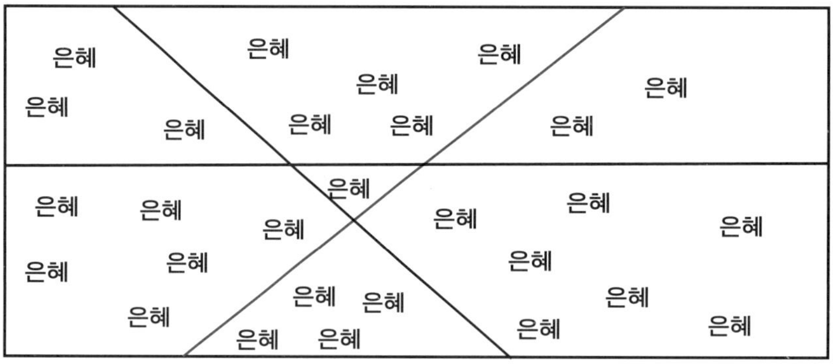
은혜
은혜
은혜
은혜
은혜
은혜
은혜
은혜
은혜
은혜
은혜
은혜
은혜
은혜
은혜
은혜
은혜
은혜
은혜
은혜
은혜
은혜
은혜
은혜
은혜
은혜
은혜
은혜
은혜

스퀘어 도미노

왼쪽 그림 안의 단어는 도미노 한 세트를 대표합니다. 도미노는 가로 혹은 세로로 되어 있으며, 두 개의 도미노는 이미 표시되어 있습니다. 도미노는 다음과 같은 단어들로 구성되어 있습니다. '기쁨, 감사, 양선, 절제, 사랑, 지혜, 은혜' 오른쪽의 표(도미노 28개)를 이용하여 나머지 도미노를 표시(구분)해 보세요.

문제1

감사	사랑	절제	은혜	절제	양선	지혜
사랑	사랑	양선	은혜	사랑	절제	기쁨
감사	기쁨	감사	사랑	절제	지혜	지혜
지혜	감사	지혜	은혜	절제	양선	절제
기쁨	절제	지혜	기쁨	기쁨	사랑	지혜
사랑	지혜	은혜	기쁨	기쁨	절제	양선
감사	은혜	은혜	양선	감사	감사	사랑
양선	양선	은혜	감사	양선	기쁨	은혜

기쁨	기쁨	
기쁨	감사	
기쁨	양선	
기쁨	절제	◈
기쁨	사랑	
기쁨	지혜	
기쁨	은혜	
감사	감사	
감사	양선	
감사	절제	
감사	사랑	
감사	지혜	◈
감사	은혜	
양선	양선	

양선	절제	
양선	사랑	
양선	지혜	
양선	은혜	
절제	절제	
절제	사랑	
절제	지혜	
절제	은혜	
사랑	사랑	
사랑	지혜	
사랑	은혜	
지혜	지혜	
지혜	은혜	
은혜	은혜	

스퀘어 도미노

왼쪽 그림 안의 단어는 도미노 한 세트를 대표합니다. 도미노는 가로 혹은 세로로 되어 있으며, 두 개의 도미노는 이미 표시되어 있습니다. 도미노는 다음과 같은 단어들로 구성되어 있습니다. '기쁨, 감사, 양선, 절제, 사랑, 지혜, 은혜' 오른쪽의 표(도미노 28개)를 이용하여 나머지 도미노를 표시(구분)해 보세요.

문제2

온유	믿음	믿음	인내	사랑	사랑	소망
사랑	희락	사랑	인내	희락	화평	화평
희락	희락	희락	믿음	온유	믿음	소망
화평	인내	온유	사랑	믿음	온유	희락
희락	믿음	믿음	소망	믿음	인내	화평
인내	사랑	인내	소망	온유	온유	화평
희락	온유	화평	소망	소망	온유	화평
사랑	소망	화평	사랑	인내	소망	인내

믿음	믿음	
믿음	소망	
믿음	사랑	
믿음	희락	
믿음	화평	◈
믿음	온유	
믿음	인내	
소망	소망	◈
소망	사랑	
소망	희락	
소망	화평	
소망	온유	
소망	인내	
사랑	사랑	

사랑	희락	
사랑	화평	
사랑	온유	
사랑	인내	
희락	희락	
희락	화평	
희락	온유	
희락	인내	
화평	화평	
화평	온유	
화평	인내	
온유	온유	
온유	인내	◈
인내	인내	

정답

문제1

감사	사랑	절제	은혜	절제	양선	지혜
사랑	사랑	양선	은혜	사랑	절제	기쁨
감사	기쁨	감사	사랑	절제	지혜	지혜
지혜	감사	지혜	은혜	절제	양선	절제
기쁨	절제	지혜	기쁨	기쁨	사랑	지혜
사랑	지혜	은혜	기쁨	기쁨	절제	양선
감사	은혜	은혜	양선	감사	감사	사랑
양선	양선	은혜	감사	양선	기쁨	은혜

기쁨	기쁨	
기쁨	감사	
기쁨	양선	
기쁨	절제	◈
기쁨	사랑	
기쁨	지혜	
기쁨	은혜	
감사	감사	
감사	양선	
감사	절제	
감사	사랑	
감사	지혜	◈
감사	은혜	
양선	양선	

양선	절제	
양선	사랑	
양선	지혜	
양선	은혜	
절제	절제	
절제	사랑	
절제	지혜	
절제	은혜	
사랑	사랑	
사랑	지혜	
사랑	은혜	
지혜	지혜	
지혜	은혜	
은혜	은혜	

문제2

온유	믿음	믿음	인내	사랑	사랑	소망
사랑	희락	사랑	인내	희락	화평	화평
희락	희락	희락	믿음	온유	믿음	소망
화평	인내	온유	사랑	믿음	온유	희락
희락	믿음	믿음	소망	믿음	인내	화평
인내	사랑	인내	소망	온유	온유	화평
희락	온유	화평	소망	소망	온유	화평
사랑	소망	화평	사랑	인내	소망	인내

믿음	믿음	
믿음	소망	
믿음	사랑	
믿음	희락	
믿음	화평	◈
믿음	온유	
믿음	인내	
소망	소망	◈
소망	사랑	
소망	희락	
소망	화평	
소망	온유	
소망	인내	
사랑	사랑	

사랑	희락	
사랑	화평	
사랑	온유	
사랑	인내	
희락	희락	
희락	화평	
희락	온유	
희락	인내	
화평	화평	
화평	온유	
화평	인내	
온유	온유	
온유	인내	◈
인내	인내	

모든 방향으로 2개 미만

문제1

가로×세로 8×8칸인 퍼즐판에 "인내"라고 쓰여진 단어 8개를 놓아 주세요. 단어 1개는 이미 놓여 있습니다. 단, 어떤 가로줄, 세로줄, 대각선 줄에도 단어가 연속 2개가 놓여서는 안 됩니다.

	인내						

모든 방향으로 2개 미만

문제2

가로×세로 8×8칸인 퍼즐판에 "온유"라고 쓰여진 단어 8개를 놓아 주세요. 단어 1개는 이미 놓여 있습니다. 단, 어떤 가로줄, 세로줄, 대각선 줄에도 단어가 연속 2개가 놓여서는 안 됩니다.

<table>
<tr><td></td><td></td><td></td><td></td><td></td><td></td><td></td><td></td></tr>
<tr><td></td><td></td><td></td><td></td><td></td><td></td><td></td><td></td></tr>
<tr><td></td><td></td><td></td><td>온유</td><td></td><td></td><td></td><td></td></tr>
<tr><td></td><td></td><td></td><td></td><td></td><td></td><td></td><td></td></tr>
<tr><td></td><td></td><td></td><td></td><td></td><td></td><td></td><td></td></tr>
<tr><td></td><td></td><td></td><td></td><td></td><td></td><td></td><td></td></tr>
<tr><td></td><td></td><td></td><td></td><td></td><td></td><td></td><td></td></tr>
<tr><td></td><td></td><td></td><td></td><td></td><td></td><td></td><td></td></tr>
</table>

모든 방향으로 2개 미만

문제3

가로×세로 8×8칸인 퍼즐판에 "절제"라고 쓰여진 단어 8개를 놓아 주세요. 단어 1개는 이미 놓여 있습니다. 단, 어떤 가로줄, 세로줄, 대각선 줄에도 단어가 연속 2개가 놓여서는 안 됩니다.

		절제					

모든 방향으로 2개 미만

문제4

가로×세로 8×8칸인 퍼즐판에 "성결"이라고 쓰여진 단어 8개를 놓아 주세요. 단어 1개는 이미 놓여 있습니다. 단, 어떤 가로줄, 세로줄, 대각선줄에도 단어가 연속 2개가 놓여서는 안 됩니다.

<table>
<tr><td></td><td></td><td></td><td></td><td></td><td></td><td></td><td></td></tr>
<tr><td></td><td></td><td></td><td></td><td></td><td></td><td></td><td></td></tr>
<tr><td></td><td></td><td></td><td></td><td></td><td></td><td></td><td></td></tr>
<tr><td></td><td></td><td></td><td></td><td></td><td></td><td></td><td></td></tr>
<tr><td></td><td></td><td></td><td></td><td></td><td></td><td></td><td></td></tr>
<tr><td></td><td></td><td></td><td></td><td>성결</td><td></td><td></td><td></td></tr>
<tr><td></td><td></td><td></td><td></td><td></td><td></td><td></td><td></td></tr>
<tr><td></td><td></td><td></td><td></td><td></td><td></td><td></td><td></td></tr>
</table>

정답

문제1

			인내				
	인내						
							인내
					인내		
인내							
		인내					
				인내			
						인내	

문제2

		온유					
							온유
			온유				
						온유	
온유							
					온유		
	온유						
				온유			

문제3

	절제						
			절제				
					절제		
							절제
		절제					
절제							
						절제	
				절제			

문제4

			성결				
						성결	
		성결					
							성결
	성결						
				성결			
성결							
					성결		

성경 숫자 퀴즈

문제1

노아 대홍수와 방주 이야기에 나오는 여러 숫자와 관련이 없는 것이 하나 있습니다. 찾아보세요.

500 3 15 950 600 300 100 50 150 40 8 30 7

성경 숫자 퀴즈

문제2

이스라엘 민족의 출애굽 사건에 나오는 여러 숫자와 관련이 없는 것이 하나 있습니다. 찾아보세요.

430 110 80

1000

10 120 70

50

40 12 100

성경 숫자 퀴즈

문제3

예수님의 사역과 관련된 여러 숫자와 관련이 없는 것이 하나 있습니다. 찾아보세요.

40 12 70

10 4000 5000

3

30 7

성경 숫자 퀴즈

문제4

요한계시록 말씀에 나오는 여러 숫자와 관련이 없는 것이 하나 있습니다. 찾아보세요.

666 24 1600 10

144000

7 1260 1000

2

12000

4 44 12

정답

문제1

노아는 500세 된 후에 세자녀를 낳았다 (창5:32)

500

노아는 그의 나이가 950세가 되어 죽었더라 (창9:29)

950

세 아들을 낳았으니 셈과 함과 야벳이라 (창6:10)

3

홍수가 있을 때에 노아가 600세라 (창7:6)

600

15

물이불어서 15규빗이나 오르니 산들이 잠긴지라 (창7:20)

300

50

물이 150일을 땅에 넘쳤더라 (창7:24)

150

100

방주의 규모
길이 300규빗
너비 50규빗
높이 30규빗
(창6:15)

30

모든 정결한 짐승은 암수 일곱씩 (창7:2)

7

방주에 탔던 사람의 수 (창8:18)

8

40

40주야를 비가 땅에 쏟아졌더라(창7:12)

문제2

이스라엘자손이 애굽에 거주한지 430년이라 (출12:40)

430

110

바로에게 말할 때 모세의 나이 80 (출7:7)

80

출애굽전에 애굽에 내린 10가지 재앙

10

모세가 120살을 일기로 사망함 (신34:7)

120

1000

70

모세가 광야에서 뽑은 장로의 숫자 (민11:4)

사람이 사는 땅에 이르기까지 40년 동안 광야에서 만나를 먹은 햇수 (출16:35)

모세가 시내산에서 여호와 함께 40일 40주야를 (출34:28)

40

성소안의 진설병 숫자12 (레24:5)

대제사장이 에봇 흉패에 부착된 보석의 숫자 12 (출28:16)

12

100

50

문제3

예수께서 성령에 이끌리어
마귀에서 시험을 받으로
광야에 가사 40일을
밤낮으로 금식하고
(마4:2)

40

7병2어 이적.
먹은 사람이 여자와
아이외에 4000명이었더라
(마15:38)

12

12명의 제자

70인을 세워
보내시다 (눅10:1)

70

10

열처녀 비유의
말씀 (마25:1)

4000

5000

5병2어 이적.
먹은 사람이 여자와
아이외에 5000명이었더라
(마14:21)

예수님이 공생애를
시작할 때의 나이
(눅3:23)

30

7

3

예수님께서 고난을 받고
제3일에 죽은자 가운데서
부활하심 (눅24:46; 요한2:19)

문제4

표를 받은 짐승의 수
(계13:18)

포도주틀의 피가 흐른 길이
1600 스다디온 (계14:20)
1스다디온 = 192m

일곱교회 (계1:20)
일곱봉인 (계6:1)
진노의 일곱대접 (계16장)

666

24

1600

인침을 받은 자의 수
(계7:4)

10

144000

10개 달린 뿔
(계17:12)

7

1260

보좌를 둘러싼
24장로 (계4:4)

마귀가 천년동안
결박 당함
(계20:2)

1000

새 예루살렘성의 크기
(계21:16)

2

보좌주위의
4생물 (계4:6)

4

7년 환난의
전반부 1260일
(계11:3)

44

12

12 기초석
(계21:14)

12000

짐승2마리
(계13장)

슬리더 링크

격자 무늬 위의 점을 연결하여 하나의 선으로 된 고리를 만드는 퍼즐입니다. 각 칸에 쓰여진 글자의 수는 해당 칸의 상하좌우 4개 면 가운데 그려지는 직선의 개수를 나타냅니다. 모든 점이 선으로 연결될 필요는 없습니다.

문제1

십자가	은혜	복	은혜	은혜	은혜	은혜
은혜	은혜	은혜	십자가	은혜	은혜	십자가
십자가	십자가	복	십자가	복	은혜	은혜
복	은혜	복	십자가	복	은혜	십자가
십자가	십자가	은혜	은혜	십자가	은혜	십자가
복	복	십자가	복	은혜		은혜
복	십자가	은혜	은혜	십자가	은혜	은혜

슬리더 링크

격자 무늬 위의 점을 연결하여 하나의 선으로 된 고리를 만드는 퍼즐입니다. 각 칸에 쓰여진 글자의 수는 해당 칸의 상하좌우 4개 면 가운데 그려지는 직선의 개수를 나타냅니다. 모든 점이 선으로 연결될 필요는 없습니다.

문제2

주	충성	믿음	사랑	희락	예수님	영
복	사랑		사랑	주	복	화평
	예수님	사랑	하나님	영	은혜	부르심
영	사랑	사랑	사랑	성결	좁은문	자비
사랑	온유	사랑	영	평강	영	양선
예수님	영	사랑	주	은혜	주	온유
사랑	절제	사랑	성령님	인내	십자가	소망

정답

문제1

십자가	은혜	복	은혜	은혜	은혜	은혜
은혜	은혜	은혜	십자가	은혜	은혜	십자가
십자가	십자가	복	십자가	복	은혜	은혜
복	은혜	복	십자가	복	은혜	십자가
십자가	십자가	은혜	은혜	십자가	은혜	십자가
복	복	십자가	복	은혜		은혜
복	십자가	은혜	은혜	십자가	은혜	은혜

문제2

주	충성	믿음	사랑	희락	예수님	영
복	사랑		사랑	주	복	화평
	예수님	사랑	하나님	영	은혜	부르심
영	사랑	사랑	사랑	성결	좁은문	자비
사랑	온유	사랑	영	평강	영	양선
예수님	영	사랑	주	은혜	주	온유
사랑	절제	사랑	성령님	인내	십자가	소망

맞는 받침 찾기

어떤 성경 구절을 초성과 모음으로 분리한 후 순서대로 각각 나열했습니다. 받침은 제공되지 않았습니다. 완전한 성경 구절을 만들기 위해서 어떤 받침이 필요한지 찾아보고, 보기 중에서 성경구절과 관계없는 받침은 어떤 것이 있는지 맞혀 보세요. 다 맞힌 후 큰 소리로 성경 구절을 읽어보세요.

문제1

초성	ㄴ	ㄴ	ㅇ	ㅎ	ㅇ	ㄹ	ㅁ	ㅁ	ㅇ	ㅇ
	ㅈ	ㄱ	ㅇ	ㅎ	ㅁ	ㄴ	ㅇ	ㄱ	ㅇ	ㅇ
	ㅎ	ㄴ	ㄴ	ㅇ	ㄹ	ㅁ	ㅁ	ㅇ	ㅇ	ㄱ
	ㅃ	ㅎ	ㄹ	ㄹ	ㄷ					

모음	ㅏ	ㅡ	ㅕ	ㅗ	ㅘ	ㅗ	ㅏ	ㅣ	ㅏ	ㅏ
	ㅡ	ㅓ	ㅝ	ㅏ	ㅕ	ㅏ	ㅢ	ㅜ	ㅝ	ㅢ
	ㅏ	ㅏ	ㅣ	ㅡ	ㅗ	ㅏ	ㅣ	ㅏ	ㅏ	ㅣ
	ㅓ	ㅏ	ㅣ	ㅗ	ㅏ					

〈보기〉 1) ㄹ 2) ㅁ 3) ㄷ 4) ㄴ

맞는 받침 찾기

어떤 성경 구절을 초성과 모음으로 분리한 후 순서대로 각각 나열했습니다. 받침은 제공되지 않았습니다. 완전한 성경 구절을 만들기 위해서 어떤 받침이 필요한지 찾아보고, 보기 중에서 성경구절과 관계없는 받침은 어떤 것이 있는지 맞혀 보세요. 다 맞힌 후 큰 소리로 성경 구절을 읽어보세요.

문제2

ㄴ	ㅍ	ㅅ	ㅇ	ㄴ	ㄹ	ㄴ	ㅎ	ㄷ	ㅈ
ㅎ	ㅈ	ㄱ	ㅇ	ㅇ	ㄹ	ㄴ	ㄴ	ㄱ	ㅁ
ㅅ	ㅇ	ㅎ	ㄲ	ㅇ	ㅇ	ㄷ	ㄱ	ㄱ	ㅇ
ㄴ	ㅇ	ㅎ	ㄲ	ㅇ	ㅇ	ㄱ	ㅇ	ㅇ	ㄹ
ㄴ	ㄱ	ㄴ	ㄹ	ㄸ	ㄴ	ㅈ	ㅇ	ㄴ	ㅎ
ㅁ	ㅂ	ㄹ	ㅈ	ㅇ	ㄴ	ㅎ	ㄹ	ㄴ	ㄱ
ㅎ	ㄱ	ㄷ	ㄷ	ㅎ	ㄹ				

ㅔ	ㅕ	ㅐ	ㅔ	ㅓ	ㅡ	ㅡ	ㅣ	ㅐ	ㅓ
ㅏ	ㅏ	ㅏ	ㅓ	ㅡ	ㅣ	ㅣ	ㅐ	ㅏ	ㅗ
ㅔ	ㅘ	ㅏ	ㅔ	ㅣ	ㅓ	ㅓ	ㅓ	ㅏ	ㅣ
ㅓ	ㅘ	ㅏ	ㅔ	ㅣ	ㅡ	ㅓ	ㅣ	ㅣ	ㅏ
ㅐ	ㅏ	ㅓ	ㅡ	ㅓ	ㅏ	ㅣ	ㅏ	ㅣ	ㅏ
ㅕ	ㅓ	ㅣ	ㅣ	ㅏ	ㅣ	ㅏ	ㅣ	ㅣ	ㅏ
ㅏ	ㅗ	ㅏ	ㅐ	ㅏ	ㅏ				

〈보기〉 1) ㄹ 2) ㄴ 3) ㅇ 4) ㅅ 5) ㄱ

6) ㅌ 7) ㅄ 8) ㅁ 9) ㅆ 10) ㅊ

맞는 받침 찾기

어떤 성경 구절을 초성과 모음으로 분리한 후 순서대로 각각 나열했습니다. 받침은 제공되지 않았습니다. 완전한 성경 구절을 만들기 위해서 어떤 받침이 필요한지 찾아보고, 보기 중에서 성경구절과 관계없는 받침은 어떤 것이 있는지 맞혀 보세요. 다 맞힌 후 큰 소리로 성경 구절을 읽어보세요.

문제3

ㅇ	ㅎ	ㅇ	ㄴ	ㄴ	ㄱ	ㅂ	ㅇ	ㅈ	ㅅ
ㄱ	ㄴ	ㄹ	ㅈ	ㅋ	ㅅ	ㄱ	ㄹ	ㅇ	ㅎ
ㅁ	ㅇ	ㅎ	ㅇ	ㄴ	ㄱ	ㅇ	ㅇ	ㄱ	ㅇ
ㄴ	ㄱ	ㅂ	ㅊ	ㅅ	ㅇ	ㅎ	ㅂ	ㅍ	ㅅ
ㄱ	ㄹ	ㅇ	ㅎ	ㅁ	ㅇ	ㅎ	ㅇ	ㄴ	ㄱ
ㅇ	ㄱ	ㅇ	ㄴ	ㄱ	ㄹ	ㅎ	ㅎ	ㅇ	ㄷ
ㅅ	ㅍ	ㄱ	ㅈ	ㅅ	ㄱ	ㄹ	ㅇ	ㅎ	ㄴ
ㄹ									

ㅕ	ㅗ	ㅘ	ㅡ	ㅔ	ㅔ	ㅗ	ㅡ	ㅜ	ㅣ
ㅗ	ㅓ	ㅡ	ㅣ	ㅣ	ㅣ	ㅣ	ㅡ	ㅝ	ㅏ
ㅕ	ㅕ	ㅗ	ㅘ	ㅡ	ㅡ	ㅢ	ㅓ	ㅜ	ㅡ
ㅔ	ㅔ	ㅣ	ㅜ	ㅏ	ㅡ	ㅖ	ㅔ	ㅜ	ㅣ
ㅣ	ㅡ	ㅝ	ㅏ	ㅕ	ㅕ	ㅗ	ㅘ	ㅡ	ㅡ
ㅓ	ㅜ	ㅡ	ㅔ	ㅔ	ㅗ	ㅑ	ㅏ	ㅕ	ㅡ
ㅏ	ㅕ	ㅏ	ㅜ	ㅣ	ㅣ	ㅡ	ㅝ	ㅏ	ㅗ
ㅏ									

〈보기〉 1) ㄹ 2) ㅁ 3) ㄱ 4) ㄴ 5) ㅇ

정답

문제1

3) ㄷ

초성										
	ㄴ	ㄴ	ㅇ	ㅎ	ㅇ	ㄹ	ㅁ	ㅁ	ㅇ	ㅇ
	ㅈ	ㄱ	ㅇ	ㅎ	ㅁ	ㄴ	ㅇ	ㄱ	ㅇ	ㅇ
	ㅎ	ㄴ	ㄴ	ㅇ	ㄹ	ㅁ	ㅁ	ㅇ	ㅇ	ㄱ
	ㅃ	ㅎ	ㄹ	ㄹ	ㄷ					

모음										
	ㅏ	ㅡ	ㅕ	ㅗ	ㅘ	ㅗ	ㅏ	ㅣ	ㅏ	ㅏ
	ㅡ	ㅓ	ㅝ	ㅏ	ㅕ	ㅏ	ㅢ	ㅜ	ㅝ	ㅢ
	ㅏ	ㅏ	ㅣ	ㅡ	ㅗ	ㅏ	ㅣ	ㅏ	ㅏ	ㅣ
	ㅓ	ㅏ	ㅣ	ㅗ	ㅏ					

받침										
		ㄴ					ㄹ		ㅁ	
	ㄹ								ㄴ	
			ㅁ			ㄹ		ㅁ		

나는 여호와로 말미암아
즐거워하며 나의 구원의
하나님으로 말미암아
기뻐하리로다 (하박국 3:18)

문제2

10) ㅊ

ㄴ	ㅍ	ㅅ	ㅇ	ㄴ	ㄹ	ㄴ	ㅎ	ㄷ	ㅈ
ㅎ	ㅈ	ㄱ	ㅇ	ㅇ	ㄹ	ㄴ	ㄴ	ㄱ	ㅁ
ㅅ	ㅇ	ㅎ	ㄲ	ㅇ	ㅇ	ㄷ	ㄱ	ㄱ	ㅇ
ㄴ	ㅇ	ㅎ	ㄲ	ㅇ	ㅇ	ㄱ	ㅇ	ㅇ	ㄹ
ㄴ	ㄱ	ㄴ	ㄹ	ㄸ	ㄴ	ㅈ	ㅇ	ㄴ	ㅎ
ㅁ	ㅂ	ㄹ	ㅈ	ㅇ	ㄴ	ㅎ	ㄹ	ㄴ	ㄱ
ㅎ	ㄱ	ㄷ	ㄷ	ㅎ	ㄹ				

ㅔ	ㅕ	ㅐ	ㅔ	ㅓ	ㅡ	ㅡ	ㅣ	ㅐ	ㅓ
ㅏ	ㅏ	ㅏ	ㅓ	ㅡ	ㅣ	ㅣ	ㅐ	ㅏ	ㅗ
ㅔ	ㅘ	ㅏ	ㅔ	ㅣ	ㅓ	ㅓ	ㅓ	ㅏ	ㅣ
ㅓ	ㅘ	ㅏ	ㅔ	ㅣ	ㅡ	ㅓ	ㅣ	ㅣ	ㅏ
ㅐ	ㅏ	ㅓ	ㅡ	ㅓ	ㅏ	ㅣ	ㅏ	ㅣ	ㅏ
ㅕ	ㅓ	ㅣ	ㅣ	ㅏ	ㅣ	ㅏ	ㅣ	ㅣ	ㅏ
ㅏ	ㅗ	ㅏ	ㅐ	ㅏ	ㅏ				

	ㅇ	ㅇ			ㄹ	ㅇ			ㄱ
ㄹ			ㅄ						
		ㅁ		ㅆ	ㅆ	ㄴ	ㅅ	ㅌ	
		ㅁ		ㅆ	ㄹ	ㅅ	ㅁ		
			ㄹ						
									ㅇ
		ㅁ							

네 평생에 너를 능히 대적할 자가 없으리니
내가 모세와 함께 있었던 것 같이
너와 함께 있을 것임이니라
내가 너를 떠나지 아니하며 버리지
아니하리니 강하고 담대하라
(여호수아 1:5-6)

문제3

2) ㅁ

ㅇ	ㅎ	ㅇ	ㄴ	ㄴ	ㄱ	ㅂ	ㅇ	ㅈ	ㅅ
ㄱ	ㄴ	ㄹ	ㅈ	ㅋ	ㅅ	ㄱ	ㄹ	ㅇ	ㅎ
ㅁ	ㅇ	ㅎ	ㅇ	ㄴ	ㄱ	ㅇ	ㅇ	ㄱ	ㅇ
ㄴ	ㄱ	ㅂ	ㅊ	ㅅ	ㅇ	ㅎ	ㅂ	ㅍ	ㅅ
ㄱ	ㄹ	ㅇ	ㅎ	ㅁ	ㅇ	ㅎ	ㅇ	ㄴ	ㄱ
ㅇ	ㄱ	ㅇ	ㄴ	ㄱ	ㄹ	ㅎ	ㅎ	ㅇ	ㄷ
ㅅ	ㅍ	ㄱ	ㅈ	ㅅ	ㄱ	ㄹ	ㅇ	ㅎ	ㄴ
ㄹ									

ㅕ	ㅗ	ㅘ	ㅡ	ㅔ	ㅔ	ㅗ	ㅡ	ㅜ	ㅣ
ㅗ	ㅓ	ㅡ	ㅣ	ㅣ	ㅣ	ㅣ	ㅡ	ㅝ	ㅏ
ㅕ	ㅕ	ㅗ	ㅘ	ㅡ	ㅡ	ㅢ	ㅓ	ㅜ	ㅡ
ㅔ	ㅔ	ㅣ	ㅜ	ㅏ	ㅡ	ㅖ	ㅔ	ㅜ	ㅣ
ㅣ	ㅡ	ㅝ	ㅏ	ㅕ	ㅕ	ㅗ	ㅘ	ㅡ	ㅡ
ㅓ	ㅜ	ㅡ	ㅔ	ㅔ	ㅗ	ㅑ	ㅏ	ㅕ	ㅡ
ㅏ	ㅕ	ㅏ	ㅜ	ㅣ	ㅣ	ㅡ	ㅝ	ㅏ	ㅗ
ㅏ									

						ㄱ	ㄹ		
		ㄹ					ㄹ	ㄴ	
				ㄴ			ㄹ	ㄹ	ㄹ
					ㄴ				
	ㄹ	ㄴ						ㄴ	
ㄹ	ㄹ	ㄹ				ㅇ			
	ㅇ	ㅇ				ㄹ	ㄴ		

여호와는 네게 복을
주시고 너를 지키시기를 원하며
여호와는 그의 얼굴을 네게 비추사
은혜 베푸시기를 원하며
여호와는 그 얼굴을 네게로 향하여
드사 평강 주시기를 원하노라
(민수기 6:24-26)

난수표

특이한 형태를 만들면서 숨겨져 있는 같은 단어를 아래의 난수표에서 찾아보세요. 눈이 아플 수 있으니 조심하세요.

문제1

온유	충성	충성	온유	양선	양선	충성	절제	충성	평강	희락	양선	양선	충성	평강	인내	온유	양선	충성	온유
인내	온유	인내	화평	사랑	평강	인내	평강	평강	자비	온유	충성	화평	충성	사랑	온유	인내	희락	온유	자비
화평	사랑	온유	화평	평강	자비	온유	평강	온유	자비	희락	인내	희락	온유	사랑	사랑	평강	온유	양선	온유
자비	온유	희락	온유	양선	자비	양선	온유	사랑	희락	사랑	자비	희락	희락	충성	희락	온유	사랑	화평	절제
충성	인내	평강	양선	온유	온유	사랑	절제	평강	자비	희락	화평	온유	희락	온유	온유	양선	충성	절제	사랑
화평	온유	사랑	양선	평강	온유	인내	희락	양선	희락	평강	온유	양선	충성	온유	절제	자비	희락	사랑	화평
희락	평강	온유	절제	충성	충성	온유	사랑	인내	희락	화평	사랑	평강	온유	희락	평강	자비	양선	양선	온유
자비	인내	평강	양선	온유	양선	인내	온유	희락	절제	인내	절제	온유	온유	화평	사랑	평강	인내	절제	희락
양선	절제	평강	절제	인내	충성	양선	절제	온유	사랑	자비	온유	양선	충성	인내	평강	자비	자비	충성	사랑
온유	평강	화평	온유	온유	사랑	인내	사랑	절제	온유	온유	평강	사랑	자비	양선	양선	인내	자비	희락	온유

문제2

사랑	희락	양선	자비	온유	인내	충성	절제	온유	절제	사랑	희락	화평	양선	사랑	절제	인내	희락	충성	은혜	사랑
은혜	사랑	희락	자비	화평	충성	자비	희락	온유	사랑	자비	사랑	양선	사랑	화평	온유	사랑	화평	절제	사랑	온유
양선	양선	사랑	온유	은혜	절제	화평	은혜	사랑	희락	절제	양선	사랑	절제	희락	충성	은혜	자비	사랑	희락	절제
희락	화평	희락	사랑	충성	은혜	자비	사랑	인내	은혜	양선	은혜	희락	사랑	충성	화평	절제	사랑	자비	사랑	온유
온유	은혜	온유	양선	사랑	양선	사랑	절제	은혜	양선	인내	자비	인내	온유	사랑	온유	사랑	희락	온유	양선	자비
절제	충성	온유	양선	절제	사랑	희락	양	사랑	화평	온유	인내	자비	양선	희락	사랑	온유	양선	은혜	화평	은혜

정답

문제1

온유	충성	충성	온유	양선	양선	충성	절제	충성	평강	희락	양선	양선	충성	평강	인내	온유	양선	충성	온유
인내	온유	인내	화평	사랑	평강	인내	평강	평강	자비	온유	충성	화평	충성	사랑	온유	인내	희락	온유	자비
화평	사랑	온유	화평	평강	자비	온유	평강	온유	자비	희락	인내	희락	온유	사랑	사랑	평강	온유	양선	온유
자비	온유	희락	온유	양선	자비	양선	온유	사랑	희락	사랑	자비	희락	희락	충성	희락	온유	사랑	화평	절제
충성	인내	평강	양선	온유	온유	사랑	절제	평강	자비	희락	화평	온유	희락	온유	온유	양선	충성	절제	사랑
화평	온유	사랑	양선	평강	온유	인내	희락	양선	희락	평강	온유	양선	충성	온유	절제	자비	희락	사랑	화평
희락	평강	온유	절제	충성	충성	온유	사랑	인내	희락	화평	사랑	평강	온유	희락	평강	자비	양선	양선	온유
자비	인내	평강	양선	온유	양선	인내	온유	희락	절제	인내	절제	온유	온유	화평	사랑	평강	인내	절제	희락
양선	절제	평강	절제	인내	충성	양선	절제	온유	사랑	자비	온유	양선	충성	인내	평강	자비	자비	충성	사랑
온유	평강	화평	온유	온유	사랑	인내	사랑	절제	온유	온유	평강	사랑	자비	양선	양선	인내	자비	희락	온유

문제2

사랑	희락	양선	자비	온유	인내	충성	절제	온유	절제	사랑	희락	화평	양선	사랑	절제	인내	희락	충성	은혜	사랑
은혜	사랑	희락	자비	화평	충성	자비	희락	온유	사랑	자비	사랑	양선	사랑	화평	온유	사랑	화평	절제	사랑	온유
양선	양선	사랑	온유	은혜	절제	화평	은혜	사랑	희락	절제	양선	사랑	절제	희락	충성	은혜	자비	사랑	희락	절제
희락	화평	희락	사랑	충성	은혜	자비	사랑	인내	은혜	양선	은혜	희락	사랑	충성	화평	절제	사랑	자비	사랑	온유
온유	은혜	온유	양선	사랑	양선	사랑	절제	은혜	양선	인내	자비	인내	온유	사랑	온유	사랑	희락	온유	양선	자비
절제	충성	온유	양선	절제	사랑	희락	양	사랑	화평	온유	인내	자비	양선	희락	사랑	온유	양선	은혜	화평	은혜

나 찾아봐라

문제1

왼쪽 도형은 “예수 그리스도”를 화살표로 잇고 있습니다. 화살표의 방향과 관계를 유지한 상태에서 “예수 그리스도”를 오른쪽 도형으로 옮기려면 어떻게 옮겨야 할까요?

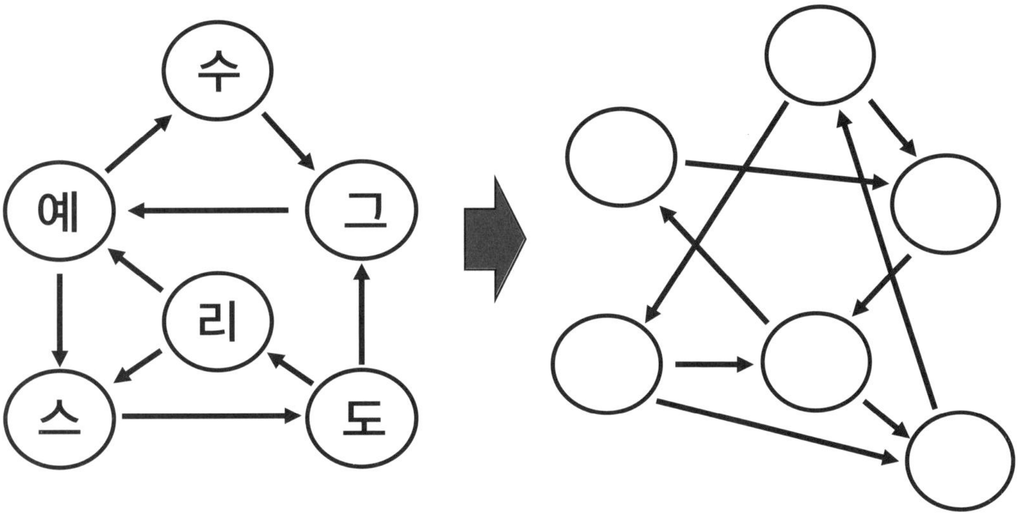

나 찾아봐라

문제2

왼쪽 도형은 “깨어 기도하라”를 화살표로 잇고 있습니다. 화살표의 방향과 관계를 유지한 상태에서 “깨어 기도하라”를 오른쪽 도형으로 옮기려면 어떻게 옮겨야 할까요?

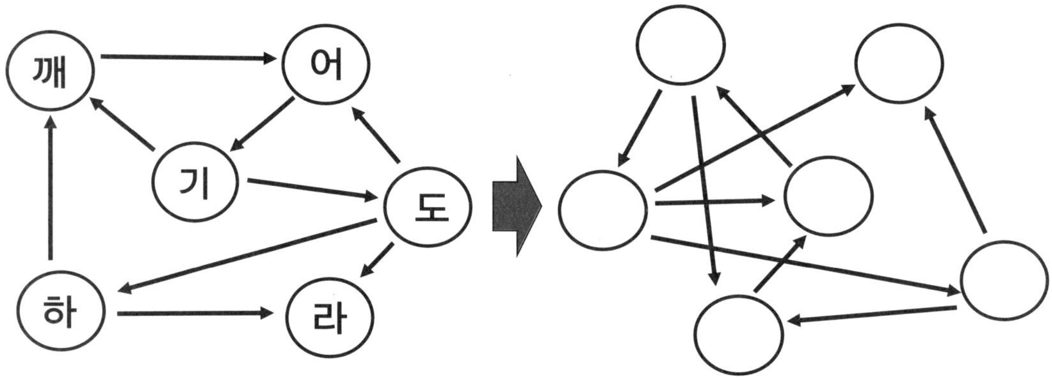

나 찾아봐라

문제3

왼쪽 도형은 "믿음 대로 되라"가 화살표로 잇고 있습니다. 화살표의 방향과 관계를 유지한 상태에서 "믿음 대로 되라"를 오른쪽 도형으로 옮기려면 어떻게 옮겨야 할까요?

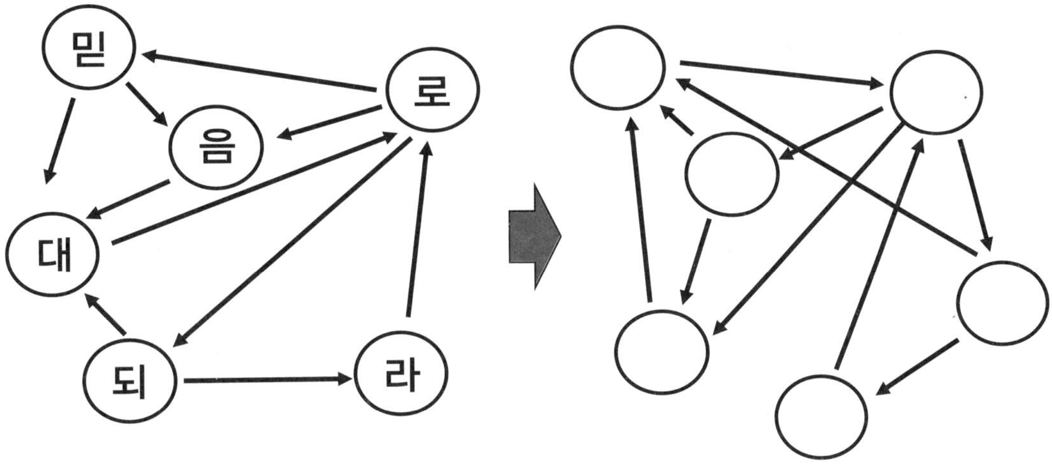

나 찾아봐라

문제4

왼쪽 도형은 "죄의 삯은 사망"가 화살표로 잇고 있습니다. 화살표의 방향과 관계를 유지한 상태에서 "죄의 삯은 사망"를 오른쪽 도형으로 옮기려면 어떻게 옮겨야 할까요?

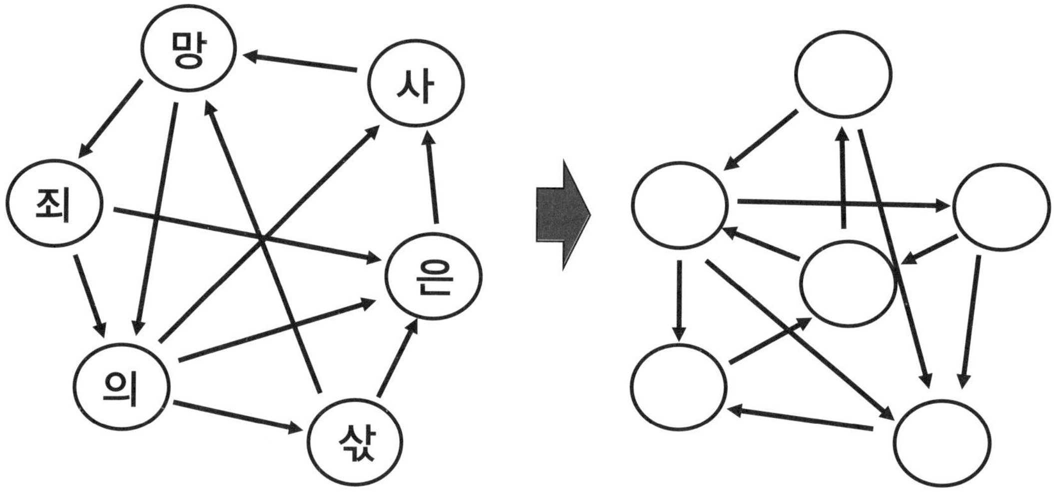

나 찾아봐라

문제5

왼쪽 도형은 “원수를 사랑하라”가 화살표로 잇고 있습니다. 화살표의 방향과 관계를 유지한 상태에서 “원수를 사랑하라”를 오른쪽 도형으로 옮기려면 어떻게 옮겨야 할까요?

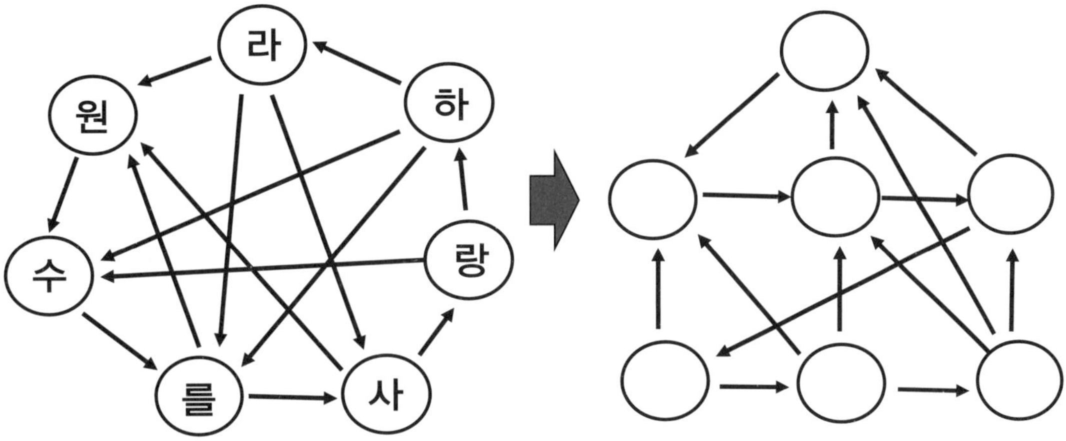

나 찾아봐라

문제6

왼쪽 도형은 꼬리표가 있는 “쉬지 말고 기도하라”를 선으로 잇고 있습니다. 선과 꼬리표의 관계를 그대로 유지한 상태에서 “쉬지 말고 기도하라”를 오른쪽 도형으로 옮기려면 어떻게 옮겨야 할까요?

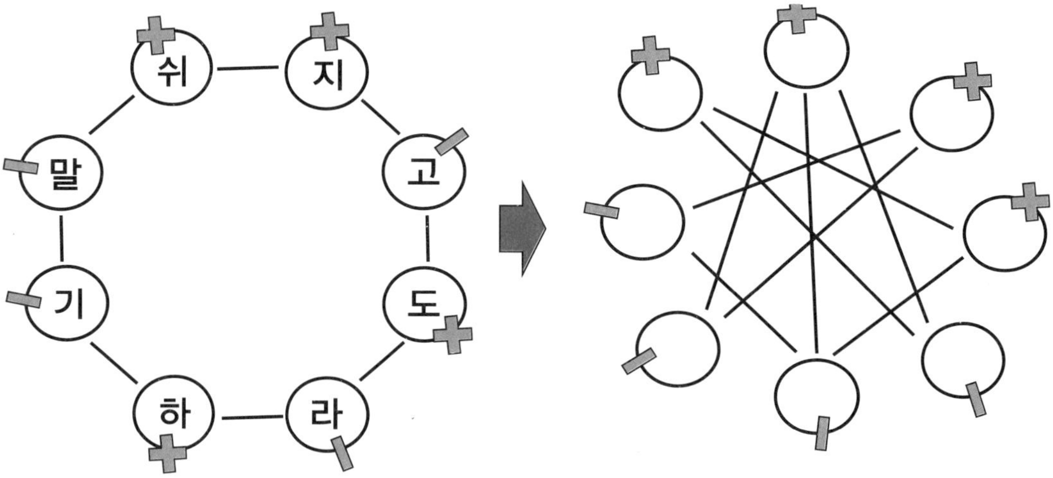

정답

문제1

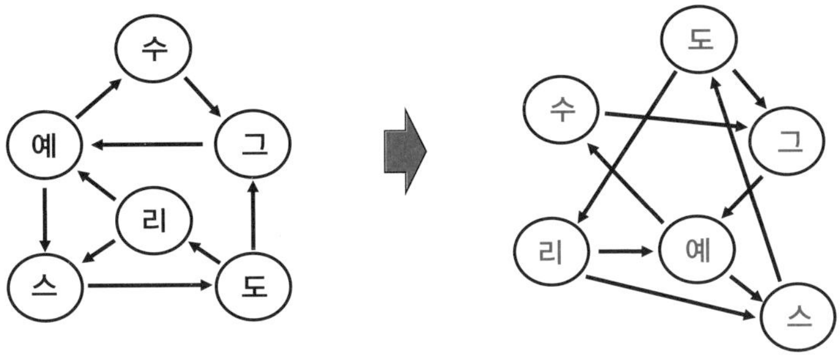

문제2

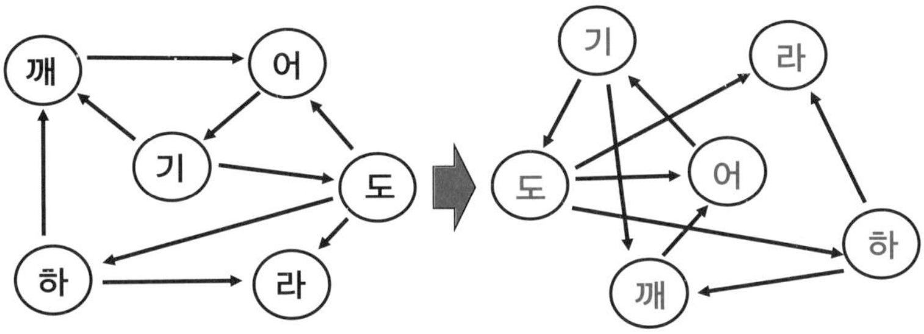

문제3

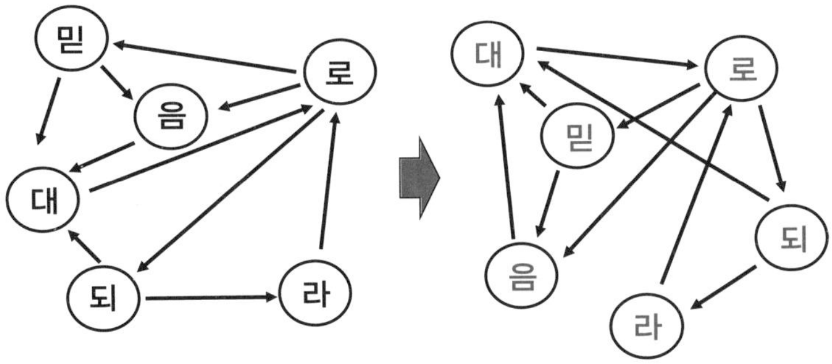

문제4

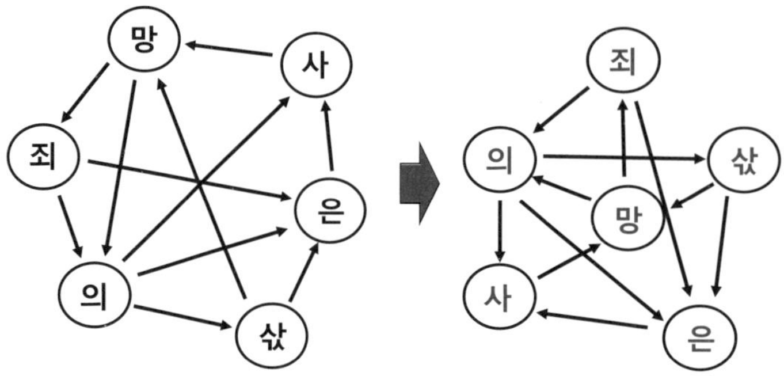

문제5

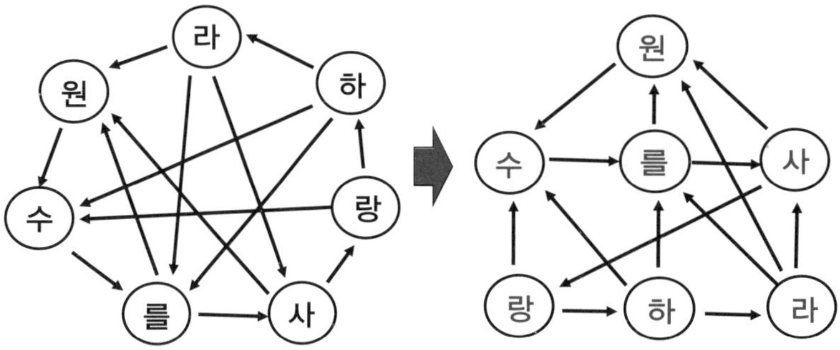

문제6

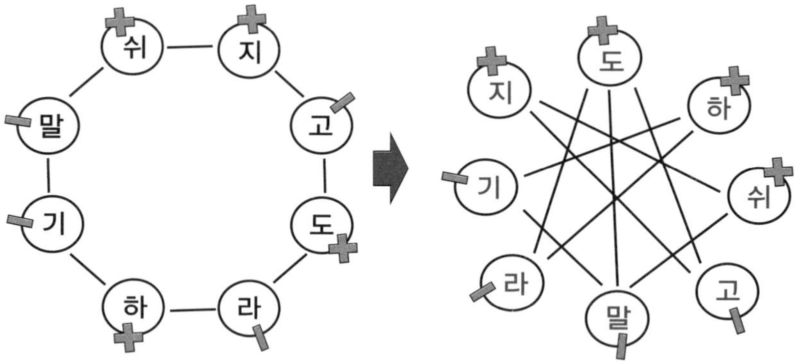

Letter Perfect

겹쳐 보이는 것을 벗겨내고, 원래의 문구를 찾아보세요.

문제1

Letter Perfect

겹쳐 보이는 것을 벗겨내고, 원래의 문구를 찾아보세요.

문제2

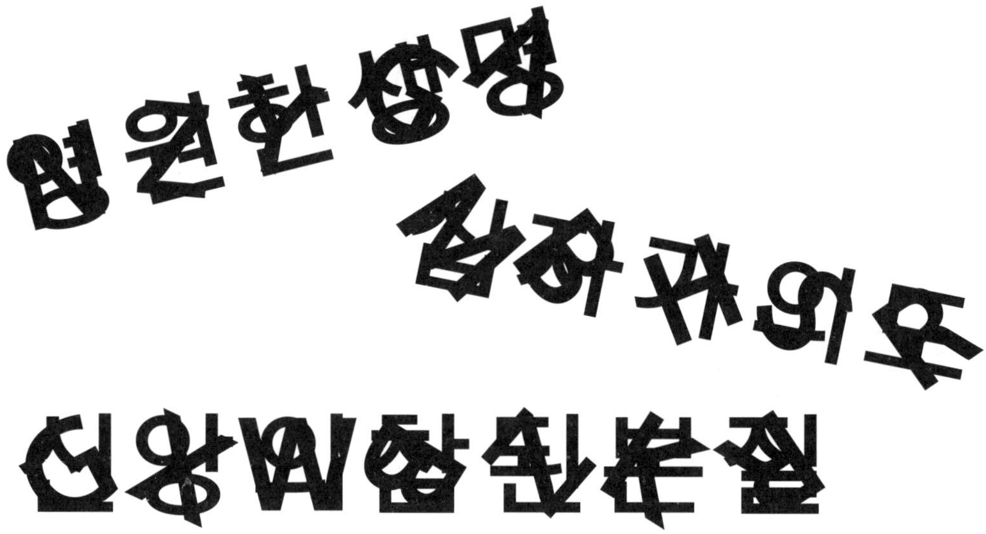

Letter Perfect

겹쳐 보이는 것을 벗겨내고, 원래의 문구를 찾아보세요.

문제3

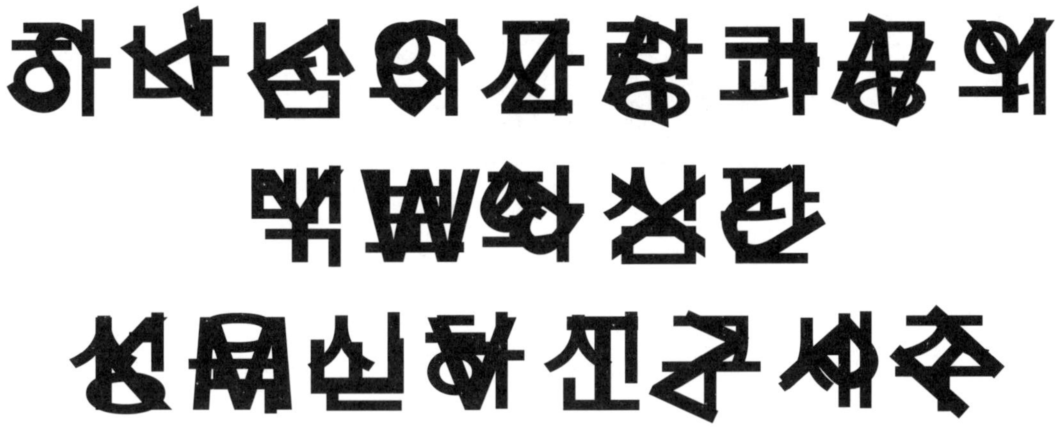

정답

문제1

하나님을 아는 지식
예수 그리스도의 복음
믿음으로 의롭다 하심

문제2

영원한 생명
십자가의 도
신앙의 참된 본질

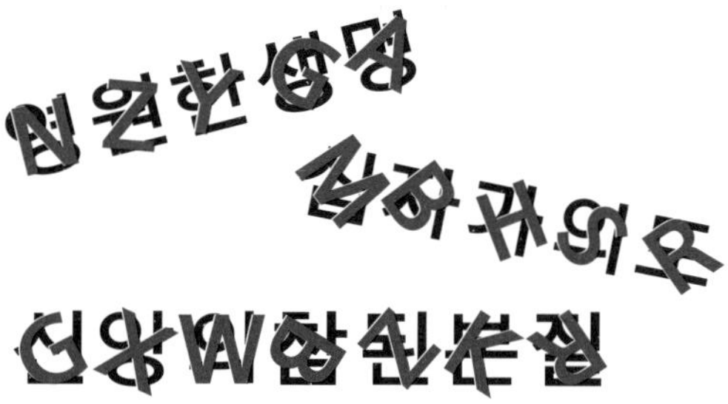

문제3

하나님의 사랑과 공의

백보좌심판

성육신하신 구세주

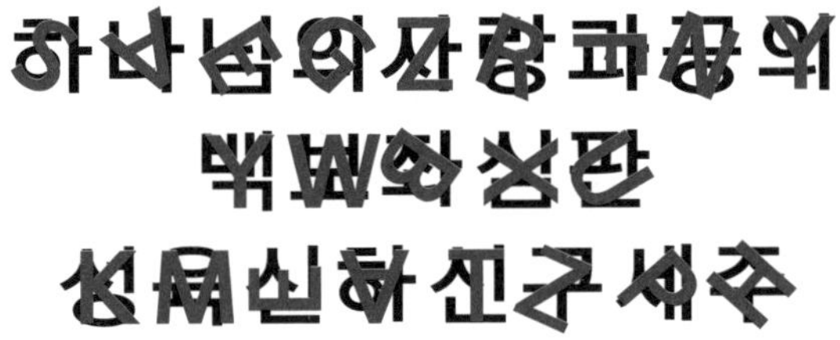

제 3 부

빠져드는
Absorbing

웅치기

4개의 독립된 도형 속에는 같은 내용의 짧은 성경 문구가 여럿 있습니다. 성경 문구가 독립적으로 구성될 수 있도록 A, B, C, D를 각각 6조각으로 나누어 보세요.

문제1

A

엘	누	마	임	엘	마
임	마	마	누	엘	임
누	임	엘	마	임	누
마	엘	임	누	누	엘

B

유	자	자	온	자	유
한	온	한	유	온	한
온	유	온	한	자	유
자	유	한	자	온	한

C

금	과	빛	금	빛	소
빛	소	소	소	금	과
과	빛	과	빛	소	금
금	과	금	소	과	빛

C

하	도	기	라	라	하
도	라	하	기	기	라
기	하	도	도	도	도
라	기	라	하	하	기

몽치기

4개의 독립된 도형 속에는 같은 내용의 짧은 성경 문구가 여럿 있습니다. 성경 문구가 독립적으로 구성될 수 있도록 A, B, C, D를 각각 6조각으로 나누어 보세요.

문제2

A

쇠	쇠	천	열	국	쇠
천	국	열	천	열	천
국	열	국	쇠	국	쇠
열	천	쇠	국	천	열

B

빛	세	의	상	의	세
상	빛	상	빛	상	의
세	의	세	빛	세	빛
의	상	빛	세	의	상

C

그	스	스	그	리	도
리	그	기	스	도	그
도	도	리	도	그	리
스	리	도	리	스	스

C

병	어	이	오	어	어
이	오	어	병	이	오
어	이	오	병	이	병
오	이	병	어	오	병

뭉치기

4개의 독립된 도형 속에는 같은 내용의 짧은 성경 문구가 여럿 있습니다. 성경 문구가 독립적으로 구성될 수 있도록 A, B, C, D를 각각 6조각으로 나누어 보세요.

문제3

A

하	화	라	목	하	라
목	라	목	화	목	하
라	하	화	라	화	화
화	목	하	라	하	목

B

예	적	영	배	예	적
적	영	배	예	배	영
배	예	적	적	영	예
예	영	배	배	적	영

C

한	행	실	착	행	실
착	행	한	한	행	착
실	실	착	실	착	한
한	착	실	행	한	행

C

개	라	회	하	개	라
회	하	하	개	하	회
라	개	라	회	회	개
하	회	개	라	라	하

뭉치기

4개의 독립된 도형 속에는 같은 내용의 짧은 성경 문구가 여럿 있습니다. 성경 문구가 독립적으로 구성될 수 있도록 A, B, C, D를 각각 6조각으로 나누어 보세요.

문제4

A

진	와	와	혜	은	리
은	혜	은	진	은	진
와	진	리	리	와	혜
리	혜	진	은	혜	와
혜	리	와	은	진	리

B

영	께	광	주	님	영
주	님	광	께	께	영
주	영	광	님	주	주
님	광	께	광	영	께
영	께	님	주	광	님

C

성	력	령	력	능	의
능	의	령	성	능	의
령	성	능	령	성	력
의	성	력	의	령	능
력	능	의	령	력	성

C

예	부	의	수	활	예
수	부	의	예	활	수
활	예	수	활	부	의
부	수	부	의	예	부
의	활	예	활	수	의

뭉치기

4개의 독립된 도형 속에는 같은 내용의 짧은 성경 문구가 여럿 있습니다. 성경 문구가 독립적으로 구성될 수 있도록 A, B, C, D를 각각 6조각으로 나누어 보세요.

문제5

A

있	깨	어	라	있	으
라	으	으	깨	어	있
으	어	라	라	깨	깨
있	어	깨	으	으	라
깨	있	어	라	있	어

B

알	겨	한	씨	알	씨
겨	자	씨	자	한	겨
알	겨	씨	자	겨	자
한	자	한	알	씨	한
씨	알	한	겨	자	알

C

당	합	매	한	매	당
열	매	열	합	한	열
한	한	당	당	열	합
열	당	합	한	당	합
매	매	열	합	한	매

C

용	한	식	양	일	식
양	일	한	용	식	한
식	식	일	한	용	양
일	용	양	일	양	용
한	양	용	한	식	일

뭉치기

4개의 독립된 도형 속에는 같은 내용의 짧은 성경 문구가 여럿 있습니다. 성경 문구가 독립적으로 구성될 수 있도록 A, B, C, D를 각각 6조각으로 나누어 보세요.

문제6

A

우	내	라	우	내	라
라	배	라	게	배	우
내	게	내	우	게	배
배	게	배	내	게	라
우	라	내	게	우	배

B

좌	영	보	광	의	보
의	광	좌	의	영	좌
좌	의	보	영	광	의
영	광	영	보	좌	보
보	의	광	영	좌	광

C

적	표	의	적	대	시
대	의	시	대	의	표
시	시	표	시	대	의
의	대	의	표	적	시
적	표	적	적	표	대

C

달	음	깨	음	죄	를
음	죄	를	죄	달	깨
죄	를	죄	깨	음	달
를	깨	달	음	를	죄
달	음	를	깨	깨	달

정답

문제1

임마누엘

엘	누	마	임	엘	마
임	마	마	누	엘	임
누	임	엘	마	임	누
마	엘	임	누	누	엘

온유한 자

유	자	자	온	자	유
한	온	한	유	온	한
온	유	온	한	자	유
자	유	한	자	온	한

빛과 소금

금	과	빛	금	빛	소
빛	소	소	소	금	과
과	빛	과	빛	소	금
금	과	금	소	과	빛

기도하라

하	도	기	라	라	하
도	라	하	기	기	라
기	하	도	도	도	도
라	기	라	하	하	기

문제2

천국열쇠

쇠	쇠	천	열	국	쇠
천	국	열	천	열	천
국	열	국	쇠	국	쇠
열	천	쇠	국	천	열

세상의 빛

빛	세	의	상	의	세
상	빛	상	빛	상	의
세	의	세	빛	세	빛
의	상	빛	세	의	상

그리스도

그	스	스	그	리	도
리	그	기	스	도	그
도	도	리	도	그	리
스	리	도	리	스	스

오병이어

병	어	이	오	어	어
이	오	어	병	이	오
어	이	오	병	이	병
오	이	병	어	오	병

문제3

화목하라

하	화	라	목	하	라
목	라	목	화	목	하
라	하	화	라	화	화
화	목	하	라	하	목

영적예배

예	적	영	배	예	적
적	영	배	예	배	영
배	예	적	적	영	예
예	영	배	배	적	영

착한행실

한	행	실	착	행	실
착	행	한	한	행	착
실	실	착	실	착	한
한	착	실	행	한	행

기도하라

개	라	회	하	개	라
회	하	하	개	하	회
라	개	라	회	회	개
하	회	개	라	라	하

문제4

은혜와 진리

진	와	와	혜	은	리
은	혜	은	진	은	진
와	진	리	리	와	혜
리	혜	진	은	혜	와
혜	리	와	은	진	리

주님께 영광

영	께	광	주	님	영
주	님	광	께	께	영
주	영	광	님	주	주
님	광	께	광	영	께
영	께	님	주	광	님

성령의 능력

성	력	령	력	능	의
능	의	령	성	능	의
령	성	능	령	성	력
의	성	력	의	령	능
력	능	의	령	력	성

예수의 부활

예	부	의	수	활	예
수	부	의	예	활	수
활	예	수	활	부	의
부	수	부	의	예	부
의	활	예	활	수	의

문제5

깨어있으라

있	깨	어	라	있	으
라	으	으	깨	어	있
으	어	라	라	깨	깨
있	어	깨	으	으	라
깨	있	어	라	있	어

겨자씨 한알

알	겨	한	씨	알	씨
겨	자	씨	자	한	겨
알	겨	씨	자	겨	자
한	자	한	알	씨	한
씨	알	한	겨	자	알

합당한 열매

당	합	매	한	매	당
열	매	열	합	한	열
한	한	당	당	열	합
열	당	합	한	당	합
매	매	열	합	한	매

일용한 양식

용	한	식	양	일	식
양	일	한	용	식	한
식	식	일	한	용	양
일	용	양	일	양	용
한	양	용	한	식	일

문제6

내게 배우라

우	내	라	우	내	라
라	배	라	게	배	우
내	게	내	우	게	배
배	게	배	내	게	라
우	라	내	게	우	배

영광의 보좌

좌	영	보	광	의	보
의	광	좌	의	영	좌
좌	의	보	영	광	의
영	광	영	보	좌	보
보	의	광	영	좌	광

시대의 표적

적	표	의	적	대	시
대	의	시	대	의	표
시	시	표	시	대	의
의	대	의	표	적	시
적	표	적	적	표	대

죄를 깨달음

달	음	깨	음	죄	를
음	죄	를	죄	달	깨
죄	를	죄	깨	음	달
를	깨	달	음	를	죄
달	음	를	깨	깨	달

다이아몬드 도미노

7개의 단어가 2개씩 짝을 이루는 도미노 28개가 있습니다. 아래 체크 박스를 참고하여, 수평 또는 수직으로만 매칭되도록 도미노를 찾아보세요. 3개의 도미노는 이미 표시되어 있습니다.

문제1

				소망	소망				
			겸손	온유	인내	양선			
			소망	온유	인내	양선			
	사랑	사랑	소망	인내	믿음	인내	겸손	소망	
믿음	양선	온유	온유	양선	믿음	소망	온유	양선	믿음
사랑	겸손	겸손	겸손	소망	양선	사랑	온유	사랑	믿음
	사랑	양선	사랑	인내	인내	겸손	인내	믿음	
			겸손	양선	소망	사랑			
			온유	인내	믿음	온유			
				믿음	겸손				

믿음·믿음	믿음·소망	믿음·사랑	믿음·겸손	믿음·온유	믿음·인내	믿음·양선

소망·소망	소망·사랑	소망·겸손	소망·온유	소망·인내	소망·양선	사랑·사랑
		○				

사랑·겸손	사랑·온유	사랑·인내	사랑·양선	겸손·겸손	겸손·온유	겸손·인내
				○		

겸손·양선	온유·온유	온유·인내	온유·양선	인내·인내	인내·양선	양선·양선
					○	

다이아몬드 도미노

7개의 단어가 2개씩 짝을 이루는 도미노 28개가 있습니다. 아래 체크박스를 참고하여, 수평 또는 수직으로만 매칭되도록 도미노를 찾아보세요. 3개의 도미노는 이미 표시되어 있습니다.

문제2

				믿음	인내				
			믿음	사랑	온유	양선			
			사랑	양선	믿음	양선			
	겸손	인내	사랑	인내	소망	양선	믿음	인내	
소망	양선	사랑	온유	겸손	소망	온유	온유	소망	사랑
믿음	겸손	사랑	양선	겸손	양선	겸손	소망	겸손	소망
	사랑	인내	온유	온유	소망	소망	겸손	사랑	
			인내	믿음	믿음	겸손			
			온유	온유	양선	믿음			
				인내	인내				

믿음·믿음	믿음·소망	믿음·사랑	믿음·겸손	믿음·온유	믿음·인내	믿음·양선

소망·소망	소망·사랑	소망·겸손	소망·온유	소망·인내	소망·양선	사랑·사랑

사랑·겸손	사랑·온유	사랑·인내	사랑·양선	겸손·겸손	겸손·온유	겸손·인내
		○			○	

겸손·양선	온유·온유	온유·인내	온유·양선	인내·인내	인내·양선	양선·양선
					○	

다이아몬드 도미노

7개의 단어가 2개씩 짝을 이루는 도미노 28개가 있습니다. 아래 체크 박스를 참고하여, 수평 또는 수직으로만 매칭되도록 도미노를 찾아보세요. 3개의 도미노는 이미 표시되어 있습니다.

문제3

				겸손	온유				
			겸손	양선	양선	양선			
			겸손	온유	양선	겸손			
	인내	양선	겸손	믿음	소망	소망	사랑	온유	
믿음	인내	소망	양선	믿음	사랑	사랑	사랑	소망	양선
믿음	온유	소망	인내	인내	인내	소망	인내	온유	믿음
	사랑	인내	소망	사랑	겸손	양선	겸손	사랑	
			소망	믿음	믿음	사랑			
			온유	온유	온유	인내			
				믿음	겸손				

믿음·믿음	믿음·소망	믿음·사랑	믿음·겸손	믿음·온유	믿음·인내	믿음·양선

소망·소망	소망·사랑	소망·겸손	소망·온유	소망·인내	소망·양선	사랑·사랑
				○		

사랑·겸손	사랑·온유	사랑·인내	사랑·양선	겸손·겸손	겸손·온유	겸손·인내
			○			

겸손·양선	온유·온유	온유·인내	온유·양선	인내·인내	인내·양선	양선·양선
			○		○	

다이아몬드 도미노

7개의 단어가 2개씩 짝을 이루는 도미노 28개가 있습니다. 아래 체크박스를 참고하여, 수평 또는 수직으로만 매칭되도록 도미노를 찾아보세요. 3개의 도미노는 이미 표시되어 있습니다.

문제4

				믿음	믿음				
			소망	양선	사랑	믿음			
			겸손	온유	온유	인내			
	양선	양선	인내	소망	사랑	겸손	사랑	온유	
소망	인내	인내	믿음	믿음	양선	인내	소망	믿음	겸손
소망	온유	온유	인내	양선	소망	인내	양선	인내	믿음
	겸손	소망	소망	온유	겸손	사랑	겸손	온유	
			사랑	온유	겸손	양선			
			사랑	양선	겸손	사랑			
				믿음	사랑				

믿음·믿음	믿음·소망	믿음·사랑	믿음·겸손	믿음·온유	믿음·인내	믿음·양선

소망·소망	소망·사랑	소망·겸손	소망·온유	소망·인내	소망·양선	사랑·사랑
		○			○	

사랑·겸손	사랑·온유	사랑·인내	사랑·양선	겸손·겸손	겸손·온유	겸손·인내
	○					

겸손·양선	온유·온유	온유·인내	온유·양선	인내·인내	인내·양선	양선·양선

다이아몬드 도미노

7개의 단어가 2개씩 짝을 이루는 도미노 28개가 있습니다. 아래 체크 박스를 참고하여, 수평 또는 수직으로만 매칭되도록 도미노를 찾아보세요. 3개의 도미노는 이미 표시되어 있습니다.

문제5

				사랑	소망				
			인내	소망	겸손	사랑			
			믿음	온유	소망	겸손			
	양선	양선	양선	온유	겸손	소망	겸손	믿음	
인내	온유	믿음	소망	소망	양선	소망	믿음	양선	인내
믿음	소망	양선	인내	겸손	겸손	온유	믿음	온유	인내
	믿음	사랑	사랑	온유	양선	온유	인내	온유	
			인내	사랑	사랑	인내			
			겸손	양선	겸손	사랑			
				소망	믿음				

믿음·믿음	믿음·소망	믿음·사랑	믿음·겸손	믿음·온유	믿음·인내	믿음·양선
○						

소망·소망	소망·사랑	소망·겸손	소망·온유	소망·인내	소망·양선	사랑·사랑

사랑·겸손	사랑·온유	사랑·인내	사랑·양선	겸손·겸손	겸손·온유	겸손·인내
					○	

겸손·양선	온유·온유	온유·인내	온유·양선	인내·인내	인내·양선	양선·양선
					○	

다이아몬드 도미노

7개의 단어가 2개씩 짝을 이루는 도미노 28개가 있습니다. 아래 체크 박스를 참고하여, 수평 또는 수직으로만 매칭되도록 도미노를 찾아보세요. 3개의 도미노는 이미 표시되어 있습니다.

문제6

				양선	믿음				
			온유	소망	온유	사랑			
			사랑	사랑	인내	겸손			
	양선	겸손	소망	사랑	소망	양선	사랑	인내	
온유	양선	양선	소망	사랑	인내	겸손	믿음	온유	겸손
겸손	양선	온유	믿음	믿음	인내	사랑	믿음	온유	믿음
	겸손	겸손	겸손	양선	인내	소망	소망	온유	
			양선	소망	소망	인내			
			인내	인내	온유	사랑			
				믿음	믿음				

믿음·믿음	믿음·소망	믿음·사랑	믿음·겸손	믿음·온유	믿음·인내	믿음·양선
○						

소망·소망	소망·사랑	소망·겸손	소망·온유	소망·인내	소망·양선	사랑·사랑
	○					

사랑·겸손	사랑·온유	사랑·인내	사랑·양선	겸손·겸손	겸손·온유	겸손·인내
				○		

겸손·양선	온유·온유	온유·인내	온유·양선	인내·인내	인내·양선	양선·양선

다이아몬드 도미노

7개의 단어가 2개씩 짝을 이루는 도미노 28개가 있습니다. 아래 체크박스를 참고하여, 수평 또는 수직으로만 매칭되도록 도미노를 찾아보세요. 3개의 도미노는 이미 표시되어 있습니다.

문제7

				겸손	믿음				
			온유	믿음	인내	온유			
			사랑	소망	양선	겸손			
	믿음	인내	겸손	인내	인내	사랑	양선	사랑	
믿음	사랑	온유	사랑	양선	소망	겸손	겸손	겸손	사랑
믿음	양선	온유	소망	믿음	양선	온유	온유	양선	믿음
	소망	겸손	인내	믿음	인내	소망	사랑	사랑	
			양선	인내	온유	소망			
			양선	인내	온유	겸손			
				소망	소망				

믿음·믿음	믿음·소망	믿음·사랑	믿음·겸손	믿음·온유	믿음·인내	믿음·양선
					○	

소망·소망	소망·사랑	소망·겸손	소망·온유	소망·인내	소망·양선	사랑·사랑

사랑·겸손	사랑·온유	사랑·인내	사랑·양선	겸손·겸손	겸손·온유	겸손·인내
	○			○		

겸손·양선	온유·온유	온유·인내	온유·양선	인내·인내	인내·양선	양선·양선

다이아몬드 도미노

7개의 단어가 2개씩 짝을 이루는 도미노 28개가 있습니다. 아래 체크 박스를 참고하여, 수평 또는 수직으로만 매칭되도록 도미노를 찾아보세요. 3개의 도미노는 이미 표시되어 있습니다.

문제8

				인내	인내				
			믿음	양선	온유	온유			
			겸손	믿음	믿음	인내			
	사랑	겸손	소망	소망	온유	온유	인내	사랑	
소망	겸손	소망	겸손	양선	겸손	양선	사랑	겸손	믿음
사랑	소망	온유	온유	소망	겸손	온유	사랑	양선	소망
	인내	믿음	양선	소망	인내	사랑	인내	겸손	
			양선	믿음	양선	사랑			
			양선	온유	사랑	믿음			
				인내	믿음				

믿음·믿음	믿음·소망	믿음·사랑	믿음·겸손	믿음·온유	믿음·인내	믿음·양선

소망·소망	소망·사랑	소망·겸손	소망·온유	소망·인내	소망·양선	사랑·사랑
					○	

사랑·겸손	사랑·온유	사랑·인내	사랑·양선	겸손·겸손	겸손·온유	겸손·인내
○	○					

겸손·양선	온유·온유	온유·인내	온유·양선	인내·인내	인내·양선	양선·양선

다이아몬드 도미노

7개의 단어가 2개씩 짝을 이루는 도미노 28개가 있습니다. 아래 체크 박스를 참고하여, 수평 또는 수직으로만 매칭되도록 도미노를 찾아보세요. 3개의 도미노는 이미 표시되어 있습니다.

문제9

				겸손	믿음				
			인내	온유	온유	온유			
			사랑	믿음	믿음	소망			
	사랑	겸손	양선	겸손	사랑	소망	인내	사랑	
믿음	온유	인내	소망	인내	인내	인내	소망	온유	믿음
양선	소망	사랑	사랑	사랑	믿음	양선	소망	인내	믿음
	온유	사랑	소망	소망	믿음	겸손	양선	인내	
			겸손	양선	온유	겸손			
			양선	양선	양선	겸손			
				온유	겸손				

믿음·믿음	믿음·소망	믿음·사랑	믿음·겸손	믿음·온유	믿음·인내	믿음·양선

소망·소망	소망·사랑	소망·겸손	소망·온유	소망·인내	소망·양선	사랑·사랑
						○

사랑·겸손	사랑·온유	사랑·인내	사랑·양선	겸손·겸손	겸손·온유	겸손·인내
○						

겸손·양선	온유·온유	온유·인내	온유·양선	인내·인내	인내·양선	양선·양선
			○			

다이아몬드 도미노

7개의 단어가 2개씩 짝을 이루는 도미노 28개가 있습니다. 아래 체크 박스를 참고하여, 수평 또는 수직으로만 매칭되도록 도미노를 찾아보세요. 3개의 도미노는 이미 표시되어 있습니다.

문제10

				사랑	믿음				
			사랑	겸손	양선	사랑			
			양선	겸손	온유	사랑			
	온유	겸손	사랑	겸손	온유	소망	소망	겸손	
믿음	인내	양선	인내	소망	양선	인내	온유	온유	소망
겸손	믿음	소망	인내	양선	믿음	믿음	인내	인내	소망
	온유	사랑	겸손	사랑	소망	인내	양선	양선	
			인내	온유	온유	겸손			
			믿음	사랑	양선	소망			
				믿음	믿음				

믿음·믿음	믿음·소망	믿음·사랑	믿음·겸손	믿음·온유	믿음·인내	믿음·양선

소망·소망	소망·사랑	소망·겸손	소망·온유	소망·인내	소망·양선	사랑·사랑
				○		

사랑·겸손	사랑·온유	사랑·인내	사랑·양선	겸손·겸손	겸손·온유	겸손·인내
	○	○				

겸손·양선	온유·온유	온유·인내	온유·양선	인내·인내	인내·양선	양선·양선

다이아몬드 도미노

7개의 단어가 2개씩 짝을 이루는 도미노 28개가 있습니다. 아래 체크 박스를 참고하여, 수평 또는 수직으로만 매칭되도록 도미노를 찾아보세요. 3개의 도미노는 이미 표시되어 있습니다.

문제11

				믿음	소망				
			사랑	겸손	양선	겸손			
			인내	사랑	사랑	인내			
	온유	인내	온유	양선	온유	사랑	사랑	믿음	
인내	온유	믿음	온유	겸손	겸손	인내	양선	사랑	믿음
인내	양선	믿음	소망	양선	소망	소망	믿음	온유	인내
	믿음	겸손	소망	겸손	온유	양선	양선	양선	
			겸손	소망	온유	믿음			
			사랑	겸손	소망	인내			
				소망	사랑				

믿음·믿음	믿음·소망	믿음·사랑	믿음·겸손	믿음·온유	믿음·인내	믿음·양선
				○		

소망·소망	소망·사랑	소망·겸손	소망·온유	소망·인내	소망·양선	사랑·사랑
		○				

사랑·겸손	사랑·온유	사랑·인내	사랑·양선	겸손·겸손	겸손·온유	겸손·인내
			○			

겸손·양선	온유·온유	온유·인내	온유·양선	인내·인내	인내·양선	양선·양선

다이아몬드 도미노

7개의 단어가 2개씩 짝을 이루는 도미노 28개가 있습니다. 아래 체크 박스를 참고하여, 수평 또는 수직으로만 매칭되도록 도미노를 찾아보세요. 3개의 도미노는 이미 표시되어 있습니다.

문제12

				믿음	믿음				
			사랑	온유	인내	인내			
			인내	소망	소망	양선			
	온유	소망	소망	인내	양선	겸손	겸손	겸손	
믿음	온유	믿음	사랑	인내	믿음	믿음	온유	양선	겸손
겸손	온유	믿음	겸손	인내	사랑	소망	양선	양선	온유
	인내	사랑	양선	소망	사랑	소망	겸손	양선	
			겸손	인내	사랑	사랑			
			사랑	온유	소망	온유			
				믿음	양선				

믿음·믿음	믿음·소망	믿음·사랑	믿음·겸손	믿음·온유	믿음·인내	믿음·양선
	○					

소망·소망	소망·사랑	소망·겸손	소망·온유	소망·인내	소망·양선	사랑·사랑
					○	

사랑·겸손	사랑·온유	사랑·인내	사랑·양선	겸손·겸손	겸손·온유	겸손·인내
						○

겸손·양선	온유·온유	온유·인내	온유·양선	인내·인내	인내·양선	양선·양선

정답

문제1

				소망	소망				
			겸손	온유	인내	양선			
			소망	온유	인내	양선			
	사랑	사랑	소망	인내	믿음	인내	겸손	소망	
믿음	양선	온유	온유	양선	믿음	소망	온유	양선	믿음
사랑	겸손	겸손	겸손	소망	양선	사랑	온유	사랑	믿음
	사랑	양선	사랑	인내	인내	겸손	인내	믿음	
			겸손	양선	소망	사랑			
			온유	인내	믿음	온유			
				믿음	겸손				

문제2

				믿음	인내				
			믿음	사랑	온유	양선			
			사랑	양선	믿음	양선			
	겸손	인내	사랑	인내	소망	양선	믿음	인내	
소망	양선	사랑	온유	겸손	소망	온유	온유	소망	사랑
믿음	겸손	사랑	양선	겸손	양선	겸손	소망	겸손	소망
	사랑	인내	온유	온유	소망	소망	겸손	사랑	
			인내	믿음	믿음	겸손			
			온유	온유	양선	믿음			
				인내	인내				

문제3

				겸손	온유				
			겸손	양선	양선	양선			
			겸손	온유	양선	겸손			
	인내	양선	겸손	믿음	소망	소망	사랑	온유	
믿음	인내	소망	양선	믿음	사랑	사랑	사랑	소망	양선
믿음	온유	소망	인내	인내	인내	소망	인내	온유	믿음
	사랑	인내	소망	사랑	겸손	양선	겸손	사랑	
			소망	믿음	믿음	사랑			
			온유	온유	온유	인내			
				믿음	겸손				

문제4

				믿음	믿음				
			소망	양선	사랑	믿음			
			겸손	온유	온유	인내			
	양선	양선	인내	소망	사랑	겸손	사랑	온유	
소망	인내	인내	믿음	믿음	양선	인내	소망	믿음	겸손
소망	온유	온유	인내	양선	소망	인내	양선	인내	믿음
	겸손	소망	소망	온유	겸손	사랑	겸손	온유	
			사랑	온유	겸손	양선			
			사랑	양선	겸손	사랑			
				믿음	사랑				

문제5

				사랑	소망				
			인내	소망	겸손	사랑			
			믿음	온유	소망	겸손			
	양선	양선	양선	온유	겸손	소망	겸손	믿음	
인내	온유	믿음	소망	소망	양선	소망	믿음	양선	인내
믿음	소망	양선	인내	겸손	겸손	온유	믿음	온유	인내
	믿음	사랑	사랑	온유	양선	온유	인내	온유	
			인내	사랑	사랑	인내			
			겸손	양선	겸손	사랑			
				소망	믿음				

문제6

				양선	믿음				
			온유	소망	온유	사랑			
			사랑	사랑	인내	겸손			
	양선	겸손	소망	사랑	소망	양선	사랑	인내	
온유	양선	양선	소망	사랑	인내	겸손	믿음	온유	겸손
겸손	양선	온유	믿음	믿음	인내	사랑	믿음	온유	믿음
	겸손	겸손	겸손	양선	인내	소망	소망	온유	
			양선	소망	소망	인내			
			인내	인내	온유	사랑			
				믿음	믿음				

문제7

				겸손	믿음				
			온유	믿음	인내	온유			
			사랑	소망	양선	겸손			
	믿음	인내	겸손	인내	인내	사랑	양선	사랑	
믿음	사랑	온유	사랑	양선	소망	겸손	겸손	겸손	사랑
믿음	양선	온유	소망	믿음	양선	온유	온유	양선	믿음
	소망	겸손	인내	믿음	인내	소망	사랑	사랑	
			양선	인내	온유	소망			
			양선	인내	온유	겸손			
				소망	소망				

문제8

				인내	인내				
			믿음	양선	온유	온유			
			겸손	믿음	믿음	인내			
	사랑	겸손	소망	소망	온유	온유	인내	사랑	
소망	겸손	소망	겸손	양선	겸손	양선	사랑	겸손	믿음
사랑	소망	온유	온유	소망	겸손	온유	사랑	양선	소망
	인내	믿음	양선	소망	인내	사랑	인내	겸손	
			양선	믿음	양선	사랑			
			양선	온유	사랑	믿음			
				인내	믿음				

문제9

				겸손	믿음				
			인내	온유	온유	온유			
			사랑	믿음	믿음	소망			
	사랑	겸손	양선	겸손	사랑	소망	인내	사랑	
믿음	온유	인내	소망	인내	인내	인내	소망	온유	믿음
양선	소망	사랑	사랑	사랑	믿음	양선	소망	인내	믿음
	온유	사랑	소망	소망	믿음	겸손	양선	인내	
			겸손	양선	온유	겸손			
			양선	양선	양선	겸손			
				온유	겸손				

문제10

				사랑	믿음				
			사랑	겸손	양선	사랑			
			양선	겸손	온유	사랑			
	온유	겸손	사랑	겸손	온유	소망	소망	겸손	
믿음	인내	양선	인내	소망	양선	인내	온유	온유	소망
겸손	믿음	소망	인내	양선	믿음	믿음	인내	인내	소망
	온유	사랑	겸손	사랑	소망	인내	양선	양선	
			인내	온유	온유	겸손			
			믿음	사랑	양선	소망			
				믿음	믿음				

문제11

				믿음	소망				
			사랑	겸손	양선	겸손			
			인내	사랑	사랑	인내			
	온유	인내	온유	양선	온유	사랑	사랑	믿음	
인내	온유	믿음	온유	겸손	겸손	인내	양선	사랑	믿음
인내	양선	믿음	소망	양선	소망	소망	믿음	온유	인내
	믿음	겸손	소망	겸손	온유	양선	양선	양선	
			겸손	소망	온유	믿음			
			사랑	겸손	소망	인내			
				소망	사랑				

문제12

				믿음	믿음				
			사랑	온유	인내	인내			
			인내	소망	소망	양선			
	온유	소망	소망	인내	양선	겸손	겸손	겸손	
믿음	온유	믿음	사랑	인내	믿음	믿음	온유	양선	겸손
겸손	온유	믿음	겸손	인내	사랑	소망	양선	양선	온유
	인내	사랑	양선	소망	사랑	소망	겸손	양선	
			겸손	인내	사랑	사랑			
			사랑	온유	소망	온유			
				믿음	양선				

한 묶음 다다이 A

믿음, 소망, 사랑 3개 단어가 모든 열과 행에 두 번씩 그리고 굵은 선으로 표시된 직사각형 안에는 한 번씩 들어가게 해 보세요.
서로 붙은 칸에는 같은 단어가 들어가면 안 됩니다. 단, 대각선으로 붙은 칸에는 같은 단어가 들어가도 됩니다.

문제1

	사랑				
사랑				희락	
희락	사랑	화평		화평	사랑
화평			화평	사랑	희락
	화평				화평
화평	희락	사랑			

한 묶음 다다이 A

인내, 긍휼, 온유 3개 단어가 모든 열과 행에 두 번씩 그리고 굵은 선으로 표시된 직사각형 안에는 한 번씩 들어가게 해 보세요.
서로 붙은 칸에는 같은 단어가 들어가면 안 됩니다. 단, 대각선으로 붙은 칸에는 같은 단어가 들어가도 됩니다.

문제2

		인내	양선	자비	
	양선	자비	인내		
			자비		
		자비		자비	양선
자비		양선			인내
	자비	인내	양선		자비

한 묶음 다다이 A

사랑, 희락, 화평 3개 단어가 모든 열과 행에 두 번씩 그리고 굵은 선으로 표시된 직사각형 안에는 한 번씩 들어가게 해 보세요.
서로 붙은 칸에는 같은 단어가 들어가면 안 됩니다. 단, 대각선으로 붙은 칸에는 같은 단어가 들어가도 됩니다.

문제3

순종		기도	순종	기도	
기도			기도		순종
믿음	기도		믿음		
		기도			
		순종	믿음	기도	
	순종	믿음	기도		

한 묶음 다다이 A

은혜, 순종, 사랑 3개 단어가 모든 열과 행에 두 번씩 그리고 굵은 선으로 표시된 직사각형 안에는 한 번씩 들어가게 해 보세요.
서로 붙은 칸에는 같은 단어가 들어가면 안 됩니다. 단, 대각선으로 붙은 칸에는 같은 단어가 들어가도 됩니다.

문제4

	순종				
은혜				은혜	
순종	은혜	사랑		사랑	은혜
은혜			은혜	순종	사랑
		은혜			순종
순종	은혜	사랑			

한 묶음 다다미 B

믿음, 소망, 사랑 3개 단어가 모든 열과 행에 두 번씩 그리고 굵은 선으로 표시된 직사각형 안에는 한 번씩 들어가게 해 보세요.
서로 붙은 칸에는 같은 단어가 들어가면 안 됩니다. 단, 대각선으로 붙은 칸에는 같은 단어가 들어가도 됩니다.

문제5

				소망	
					사랑
사랑					
		소망	사랑		

한 묶음 다다이 B

겸손, 온유, 양선 3개 단어가 모든 열과 행에 두 번씩 그리고 굵은 선으로 표시된 직사각형 안에는 한 번씩 들어가게 해 보세요.
서로 붙은 칸에는 같은 단어가 들어가면 안 됩니다. 단, 대각선으로 붙은 칸에는 같은 단어가 들어가도 됩니다.

문제6

		양선			
온유					
					양선
					온유
			양선		

한 묶음 다다이 B

경건, 온유, 자비 3개 단어가 모든 열과 행에 두 번씩 그리고 굵은 선으로 표시된 직사각형 안에는 한 번씩 들어가게 해 보세요.
서로 붙은 칸에는 같은 단어가 들어가면 안 됩니다. 단, 대각선으로 붙은 칸에는 같은 단어가 들어가도 됩니다.

문제7

		자비	온유		
					자비
자비					
	온유				

한 묶음 다다이 B

긍휼, 온유, 충성 3개 단어가 모든 열과 행에 두 번씩 그리고 굵은 선으로 표시된 직사각형 안에는 한 번씩 들어가게 해 보세요.
서로 붙은 칸에는 같은 단어가 들어가면 안 됩니다. 단, 대각선으로 붙은 칸에는 같은 단어가 들어가도 됩니다.

문제8

		충성			
온유					
충성					
					온유
			충성		

한 묶음 다다미 C

순종, 겸손, 온유 3개 단어가 모든 열과 행에 두 번씩 그리고 굵은 선으로 표시된 직사각형 안에는 한 번씩 들어가게 해 보세요.
서로 붙은 칸에는 같은 단어가 들어가면 안 됩니다. 단, 대각선으로 붙은 칸에는 같은 단어가 들어가도 됩니다.

문제9

온유					
			순종		
					온유
	겸손			순종	

한 묶음 다다미 C

사랑, 인내, 온유 3개 단어가 모든 열과 행에 두 번씩 그리고 굵은 선으로 표시된 직사각형 안에는 한 번씩 들어가게 해 보세요.
서로 붙은 칸에는 같은 단어가 들어가면 안 됩니다. 단, 대각선으로 붙은 칸에는 같은 단어가 들어가도 됩니다.

문제10

				온유	
					사랑
		사랑			
					인내
	온유				

한 묶음 다다미 C

기도, 믿음, 복음 3개 단어가 모든 열과 행에 두 번씩 그리고 굵은 선으로 표시된 직사각형 안에는 한 번씩 들어가게 해 보세요.
서로 붙은 칸에는 같은 단어가 들어가면 안 됩니다. 단, 대각선으로 붙은 칸에는 같은 단어가 들어가도 됩니다.

문제11

	기도			믿음	
복음					
		기도			
					복음

한 묶음 다다미 C

희락, 양선, 절제 3개 단어가 모든 열과 행에 두 번씩 그리고 굵은 선으로 표시된 직사각형 안에는 한 번씩 들어가게 해 보세요.
서로 붙은 칸에는 같은 단어가 들어가면 안 됩니다. 단, 대각선으로 붙은 칸에는 같은 단어가 들어가도 됩니다.

문제12

				절제	
양선					
			희락		
희락					
	절제				

정답

문제1

희락	사랑	화평	희락	화평	사랑
사랑	화평	희락	사랑	희락	화평
희락	사랑	화평	희락	화평	사랑
화평	희락	사랑	화평	사랑	희락
사랑	화평	희락	사랑	희락	화평
화평	희락	사랑	화평	사랑	희락

문제2

인내	자비	인내	양선	자비	양선
자비	양선	자비	인내	양선	인내
양선	인내	양선	자비	인내	자비
인내	양선	자비	인내	자비	양선
자비	인내	양선	자비	양선	인내
양선	자비	인내	양선	인내	자비

문제3

순종	믿음	기도	순종	기도	믿음
기도	순종	믿음	기도	믿음	순종
믿음	기도	순종	믿음	순종	기도
기도	믿음	기도	순종	믿음	순종
순종	기도	순종	믿음	기도	믿음
믿음	순종	믿음	기도	순종	기도

문제4

사랑	순종	은혜	순종	사랑	은혜
은혜	사랑	순종	사랑	은혜	순종
순종	은혜	사랑	순종	사랑	은혜
은혜	사랑	순종	은혜	순종	사랑
사랑	순종	은혜	사랑	은혜	순종
순종	은혜	사랑	은혜	순종	사랑

문제5

사랑	소망	사랑	믿음	소망	믿음
믿음	사랑	믿음	소망	사랑	소망
소망	믿음	소망	사랑	믿음	사랑
사랑	소망	믿음	소망	사랑	믿음
소망	믿음	사랑	믿음	소망	사랑
믿음	사랑	소망	사랑	믿음	소망

문제6

겸손	온유	양선	겸손	양선	온유
온유	양선	겸손	양선	온유	겸손
겸손	온유	양선	온유	겸손	양선
양선	겸손	온유	겸손	양선	온유
온유	양선	겸손	온유	겸손	양선
양선	겸손	온유	양선	온유	겸손

문제7

온유	경건	자비	온유	자비	경건
자비	온유	경건	자비	경건	온유
경건	자비	온유	경건	온유	자비
자비	경건	자비	온유	경건	온유
온유	자비	온유	경건	자비	경건
경건	온유	경건	자비	온유	자비

문제8

긍휼	온유	충성	온유	긍휼	충성
충성	긍휼	온유	긍휼	충성	온유
온유	충성	긍휼	온유	긍휼	충성
충성	긍휼	온유	충성	온유	긍휼
긍휼	온유	충성	긍휼	충성	온유
온유	충성	긍휼	충성	온유	긍휼

문제9

겸손	순종	온유	겸손	온유	순종
온유	겸손	순종	온유	순종	겸손
순종	온유	겸손	순종	겸손	온유
겸손	순종	온유	겸손	온유	순종
순종	온유	겸손	순종	겸손	온유
온유	겸손	순종	온유	순종	겸손

문제10

사랑	인내	온유	사랑	온유	인내
온유	사랑	인내	온유	인내	사랑
인내	온유	사랑	인내	사랑	온유
온유	사랑	인내	온유	인내	사랑
사랑	인내	온유	사랑	온유	인내
인내	온유	사랑	인내	사랑	온유

문제11

믿음	기도	복음	기도	믿음	복음
복음	믿음	기도	믿음	복음	기도
기도	복음	믿음	복음	기도	믿음
복음	믿음	기도	믿음	복음	기도
믿음	기도	복음	기도	믿음	복음
기도	복음	믿음	복음	기도	믿음

문제12

절제	희락	양선	희락	절제	양선
양선	제제	희락	절제	양선	희락
희락	양선	절제	양선	희락	절제
절제	희락	양선	희락	절제	양선
희락	양선	절제	양선	희락	절제
양선	절제	희락	절제	양선	희락

Fill Diagram

아래 1~11에 나온 성경 구절의 빈칸에 맞는 단어(문구)를 찾고, 찾은 단어(문구)를 맨 아래 도표에 넣어서 최종적인 성경 구절을 완성해 보세요.

문제1

1. 네 집 문설 (**8**) 바깥 문에 기록하라 (신 11:20)
2. 이 작은 자 중 하나를 실족하게 하면 (**5**) 연자 맷돌이 그 몸에 (마 18:6)
3. 여호와의 아름다움을 바라보며 그의 성전에서 사모하는 (**11**) (시 27:4)
4. 너는 여호수아에게 명령하고 그를 (**2**) 하며 그를 강하게 하라 (신 3:28)
5. 여자가 그 열매를 따먹고 자기와 (**9**) 있는 남편에게도 주매 (창 3:6)
6. 그의 아내와 합하여 둘이 한 (**6**) 이룰지니라 (창 2:24)
7. 그 일을 하려고 마음에 (**3**) 모든 자를 부르매 (출 36:2)
8. 여호와께서 너와 함께 계심을 (**1**) 분명히 보았으므로 (창 26:28)
9. 땅에서 모든 혈육 (**10**) 자의 행위가 부패함이라 (창 6:12)
10. 아버지의 집을 (**7**) 내가 네게 보여줄 땅으로 가라 (창 12:1)
11. 우리 조상들의 계승한 (**4**) 허망하고 거짓되고 (렘 16:19)

1	2	3	4
5	6	7	8
9	10	11	

Fill Diagram

아래 1~11에 나온 성경 구절의 빈칸에 맞는 단어(문구)를 찾고, 찾은 단어(문구)를 맨 아래 도표에 넣어서 최종적인 성경 구절을 완성해 보세요.

문제2

1. 악을 버리고 (7) 행하며 화평을 찾아 따를지어다 (시 34:14)
2. 그를 경외하는 너희들아 작은 자나 큰 자나 다 (1) 하나님께 찬송하라 하더라 (계 19:5)
3. 너희 각 사람은 자기 (4) 속이지 말고 네 하나님을 경외하라 (레 25:17)
4. 내 형제들아 너희가 여러 가지 시험을 당하거든 온전히 (5) 여기라 (약 1:2)
5. 우리 각 사람이 이웃을 기쁘게 하되 선을 이루고 덕을 (10) 할지니라 (롬 15:2)
6. 아담이 (2) 생물을 부르는 것이 곧 그 이름이 되었더라 (창 2:19)
7. 서로 용납하여 피차 용서 (6) 주께서 너희를 용서하신 것 같이 (골 3:13)
8. 그의 안에 산다고 하는 자는 그가 행하시는 대로 자기도 행 (11) (요일 2:6)
9. 내가 너로 큰 민족을 (8) 네게 복을 주어 네 이름을 창대하게 하리니 (창 12:2)
10. 생기를 그 코에 불어넣으시니 (3) 생령이 되니라 (창 2:7)
11. 우리가 화평의 일과 서로 (9) 세우는 일을 힘쓰나니 (롬 14:19)

1	2	3	4
5	6	7	8
9	10	11	

정답

문제1

1. 네집 문설 (**8 주와**) 바깥 문에 기록하라 (신명기 11:20)
2. 이 작은 자 중 하나를 실족하게 하면 (**5 차라리**) 연자 맷돌이 그 몸에 (마태 18:6)
3. 여호와의 아름다움을 바라보며 그의 성전에서 사모하는 (**11 그것이라**) (시편 27:4)
4. 너는 여호수아에게 명령하고 그를 (**2 담대하게**) 하며 그를 강하게 하라 (신명기 3:28)
5. 여자가 그 열매를 따먹고 자기와 (**9 함께**) 있는 남편에게도 주매 (창세기 3:6)
6. 그의 아내와 합하여 둘이 한 (**6 몸을**) 이룰지니라 (창세기 2:24)
7. 그 일을 하려고 마음에 (**3 원하는**) 모든 자를 부르매 (출애굽기 36:2)
8. 여호와께서 너와 함께 계심을 (**1 우리가**) 분명히 보았으므로 (창세기 26:28)
9. 땅에서 모든 혈육 (**10 있는**) 자의 행위가 부패함이라 (창세기 6:12)
10. 아버지의 집을 (**7 떠나**) 내가 네게 보여줄 땅으로 가라 (창세기 12:1)
11. 우리 조상들의 계승한 (**4 바는**) 허망하고 거짓되고 (예레미야 16:19)

고린도후서 5장 8절	1 우리가	2 담대하게	3 원하는	4 바는
	5 차라리	6 몸을	7 떠나	8 주와
	9 함께	10 있는	11 그것이라	

문제2

1. 악을 버리고 (**7 선을**) 행하며 화평을 찾아 따를지어다 (시 34:14)
2. 그를 경외하는 너희들아 작은 자나 큰 자나 다 (**1 우리**) 하나님께 찬송하라 하더라 (계 19:5)
3. 너희 각 사람은 자기 (**4 이웃을**) 속이지 말고 네 하나님을 경외하라 (레 25:17)
4. 내 형제들아 너희가 여러 가지 시험을 당하거든 온전히 (**5 기쁘게**) 여기라 (야 1:2)
5. 우리 각 사람이 이웃을 기쁘게 하되 선을 이루고 덕을 (**10 세우도록**) 할지니라 (롬 15:2)
6. 아담이 (**2 각**) 생물을 부르는 것이 곧 그 이름이 되었더라 (창 2:19)
7. 서로 용납하여 피차 용서 (**6 하되**) 주께서 너희를 용서하신 것 같이 (골 3:13)
8. 그의 안에 산다고 하는 자는 그가 행하시는 대로 자기도 행 (**11 할지니라**) (요1서 2:6)
9. 내가 너로 큰 민족을 (**8 이루고**) 네게 복을 주어 네 이름을 창대하게 하리니 (창 12:2)
10. 생기를 그 코에 불어넣으시니 (**3 사람이**) 생령이 되니라 (창 2:7)
11. 우리가 화평의 일과 서로 (**9 덕을**) 세우는 일을 힘쓰나니 (롬 14:19)

로마서 15장 2절	1 우리	2 각	3 사람이	4 이웃을
	5 기쁘게	6 하되	7 선을	8 이루고
	9 덕을	10 세우도록	11 할지니라	

Match 3 Puzzle

믿음, 소망, 사랑 3가지 단어를 면끼리 연결된 하나의 그룹으로 묶는 퍼즐입니다. 모든 칸을 그룹으로 만들면 남는 칸이 없어집니다. 도움을 주기 위해 이미 그룹으로 표시되어 고정된 것이 있습니다.

문제1

믿음	사랑	믿음	믿음	소망	사랑	믿음	소망
소망	소망	믿음	사랑	사랑	소망	사랑	믿음
사랑	사랑	소망	믿음	소망	믿음	소망	사랑
사랑	소망	믿음	소망	믿음	사랑	믿음	소망
믿음	사랑	소망	믿음	사랑	믿음	소망	사랑
사랑	소망	사랑	소망	믿음	사랑	믿음	소망

Match 3 Puzzle

믿음, 소망, 사랑 3가지 단어를 면끼리 연결된 하나의 그룹으로 묶는 퍼즐입니다. 모든 칸을 그룹으로 만들면 남는 칸이 없어집니다. 도움을 주기 위해 이미 그룹으로 표시되어 고정된 것이 있습니다.

문제2

믿음	소망	사랑	믿음	소망	사랑	사랑	소망
사랑	소망	소망	소망	소망	믿음	믿음	믿음
믿음	사랑	믿음	사랑	사랑	소망	소망	사랑
소망	사랑	믿음	믿음	믿음	사랑	사랑	소망
사랑	믿음	소망	사랑	소망	믿음	사랑	믿음
믿음	소망	사랑	소망	믿음	사랑	믿음	소망

Match 4 Puzzle

믿음, 소망, 사랑, 온유 4가지 단어를 면끼리 연결된 하나의 그룹으로 묶는 퍼즐입니다. 모든 칸을 그룹으로 만들면 남는 칸이 없어집니다. 도움을 주기 위해 이미 그룹으로 표시되어 고정된 것이 있습니다.

문제1

믿음	소망	사랑	온유	믿음	소망	믿음	사랑
소망	온유	소망	믿음	사랑	믿음	소망	온유
사랑	사랑	온유	사랑	온유	소망	믿음	사랑
믿음	온유	믿음	소망	온유	사랑	온유	소망
소망	사랑	믿음	온유	믿음	소망	사랑	온유
온유	사랑	소망	사랑	소망	믿음	온유	믿음
믿음	소망	믿음	온유	사랑	소망	사랑	온유
온유	사랑	소망	믿음	온유	믿음	소망	사랑

Match 4 Puzzle

믿음, 소망, 사랑, 온유 4가지 단어를 면끼리 연결된 하나의 그룹으로 묶는 퍼즐입니다. 모든 칸을 그룹으로 만들면 남는 칸이 없어집니다. 도움을 주기 위해 이미 그룹으로 표시되어 고정된 것이 있습니다.

문제2

믿음	소망	사랑	믿음	소망	사랑	온유	믿음
소망	온유	믿음	온유	소망	믿음	소망	사랑
사랑	믿음	소망	사랑	믿음	온유	사랑	소망
온유	소망	믿음	온유	사랑	믿음	소망	온유
믿음	사랑	소망	사랑	온유	소망	사랑	온유
믿음	온유	믿음	믿음	사랑	온유	온유	사랑
소망	사랑	온유	소망	믿음	사랑	온유	소망
사랑	온유	사랑	온유	소망	소망	믿음	믿음

정답

Match 3 Puzzle

문제1

믿음	사랑	믿음	믿음	소망	사랑	믿음	소망
소망	소망	믿음	사랑	사랑	소망	사랑	믿음
사랑	사랑	소망	믿음	소망	믿음	소망	사랑
사랑	소망	믿음	소망	믿음	사랑	믿음	소망
믿음	사랑	소망	믿음	사랑	믿음	소망	사랑
사랑	소망	사랑	소망	믿음	사랑	믿음	소망

문제2

믿음	소망	사랑	믿음	소망	사랑	사랑	소망
사랑	소망	소망	소망	소망	믿음	믿음	믿음
믿음	사랑	믿음	사랑	사랑	소망	소망	사랑
소망	사랑	믿음	믿음	믿음	사랑	사랑	소망
사랑	믿음	소망	사랑	소망	믿음	사랑	믿음
믿음	소망	사랑	소망	믿음	사랑	믿음	소망

Match 4 Puzzle

문제1

믿음	소망	사랑	온유	믿음	소망	믿음	사랑
소망	온유	소망	믿음	사랑	믿음	소망	온유
사랑	사랑	온유	사랑	온유	소망	믿음	사랑
믿음	온유	믿음	소망	온유	사랑	온유	소망
소망	사랑	믿음	온유	믿음	소망	사랑	온유
온유	사랑	소망	사랑	소망	믿음	온유	믿음
믿음	소망	믿음	온유	사랑	소망	사랑	온유
온유	사랑	소망	믿음	온유	믿음	소망	사랑

문제2

믿음	소망	사랑	믿음	소망	사랑	온유	믿음
소망	온유	믿음	온유	소망	믿음	소망	사랑
사랑	믿음	소망	사랑	믿음	온유	사랑	소망
온유	소망	믿음	온유	사랑	믿음	소망	온유
믿음	사랑	소망	사랑	온유	소망	사랑	온유
믿음	온유	믿음	믿음	사랑	온유	온유	사랑
소망	사랑	온유	소망	믿음	사랑	온유	소망
사랑	온유	사랑	온유	소망	소망	믿음	믿음

풍선

각각의 풍선 안의 흩어진 글자로 문구를 완성한 후에, 풍선끼리 정렬하여 완성된 성경 구절을 찾아 필사해 보세요.

문제1

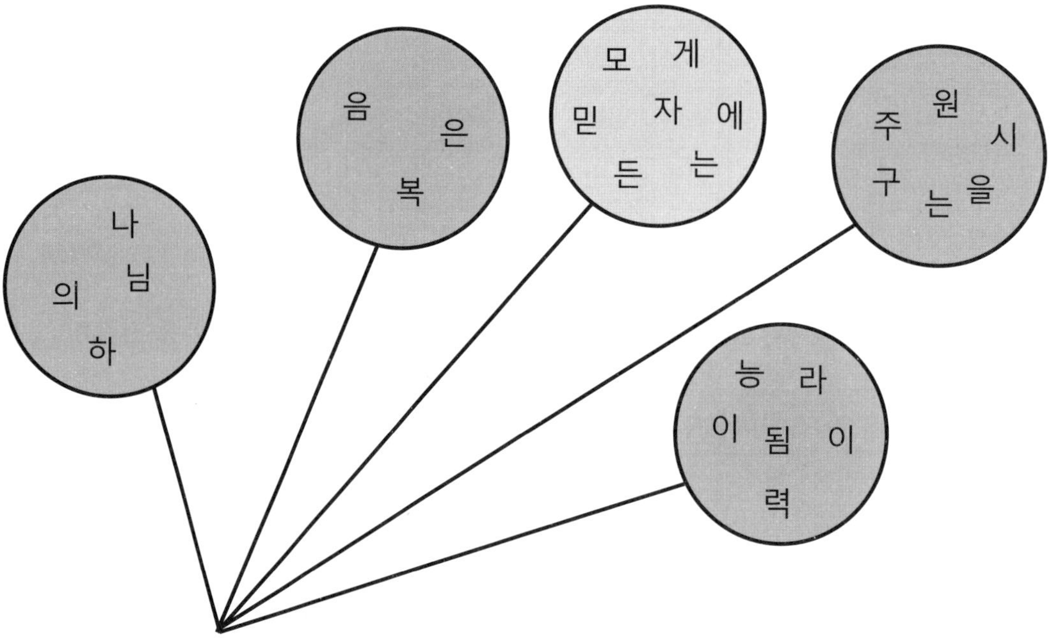

풍선

각각의 풍선 안의 흩어진 글자로 문구를 완성한 후에, 풍선끼리 정렬하여 완성된 성경 구절을 찾아 필사해 보세요.

문제2

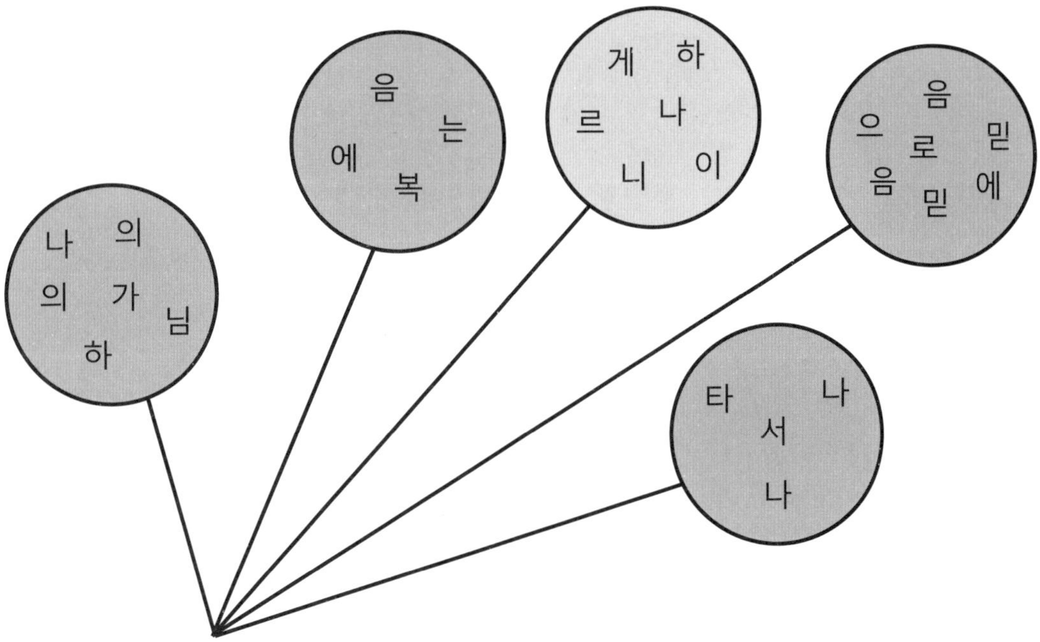

풍선

각각의 풍선 안의 흩어진 글자로 문구를 완성한 후에, 풍선끼리 정렬하여 완성된 성경 구절을 찾아 필사해 보세요.

문제3

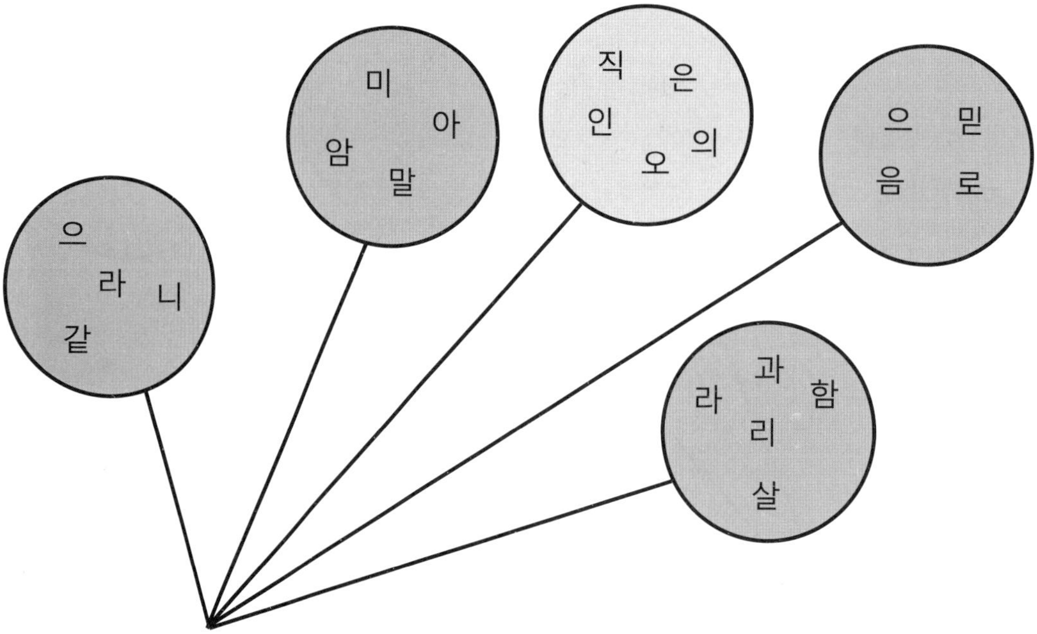

풍선

각각의 풍선 안의 흩어진 글자로 문구를 완성한 후에, 풍선끼리 정렬하여 완성된 성경 구절을 찾아 필사해 보세요.

문제4

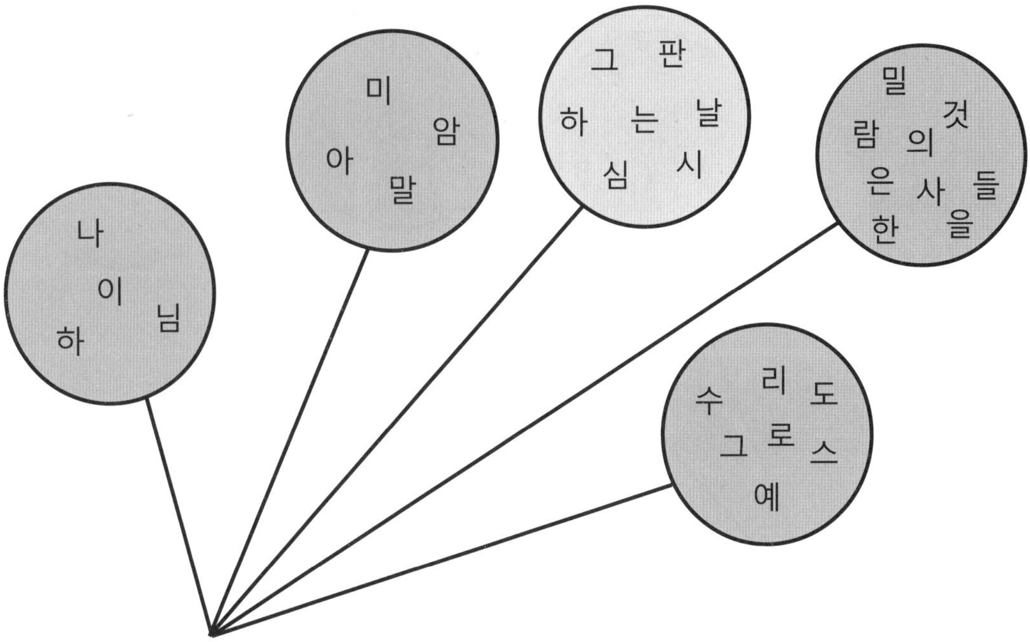

풍선

각각의 풍선 안의 흩어진 글자로 문구를 완성한 후에, 풍선끼리 정렬하여 완성된 성경 구절을 찾아 필사해 보세요.

문제5

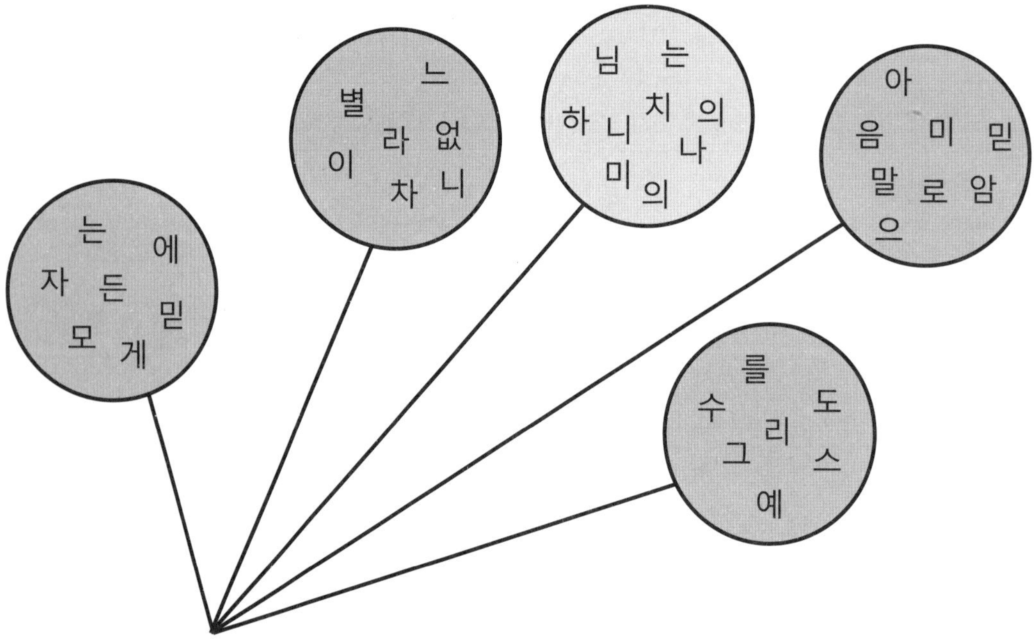

정답

문제1

복음은 모든 믿는 자에게 구원을 주시는 하나님의 능력이 됨이라 (롬 1:16)

문제2

복음에는 하나님의 의가 나타나서 믿음으로 믿음에 이르게 하나니 (롬 1:17)

문제3

오직 의인은 믿음으로 말미암아 살리라 함과 같으니라 (롬 1:17)

문제4

하나님이 예수 그리스도로 말미암아 사람들의 은밀한 것을 심판하시는 그날 (롬 2:16)

문제5

예수 그리스도를 믿음으로 말미암아 모든 믿는 자에게 미치는 하나님의 의니 차별이 없느니라 (롬 3:22)

세상을 비추는 등불

퍼즐판 위 음영은, 마치 세상의 여러 사건 사고와 같습니다. 세상을 비추는 등불을 놓으려고 합니다. 각각의 등불이 같은 가로줄, 세로줄, 대각선상에 있지 않도록 8개의 등불을 배치해 보세요.
2개의 등불(★ 로 표시)은 이미 배치되어 있으니 음영으로 표시된 곳을 피하여 나머지 6개의 등불을 배치하면 됩니다.

문제1

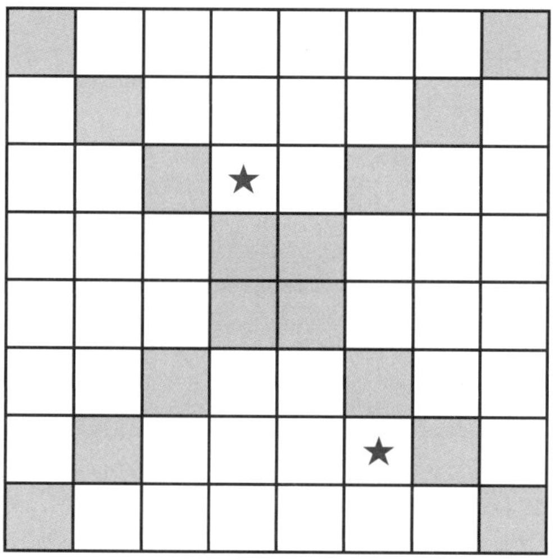

문제2

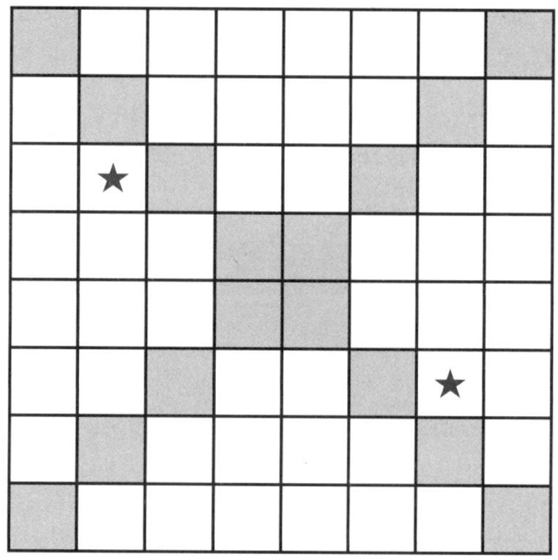

세상을 비추는 등불

퍼즐판 위 음영은, 마치 세상의 여러 사건 사고와 같습니다. 세상을 비추는 등불을 놓으려고 합니다. 각각의 등불이 같은 가로줄, 세로줄, 대각선상에 있지 않도록 8개의 등불을 배치해 보세요.
2개의 등불(★ 로 표시)은 이미 배치되어 있으니 음영으로 표시된 곳을 피하여 나머지 6개의 등불을 배치하면 됩니다.

문제3

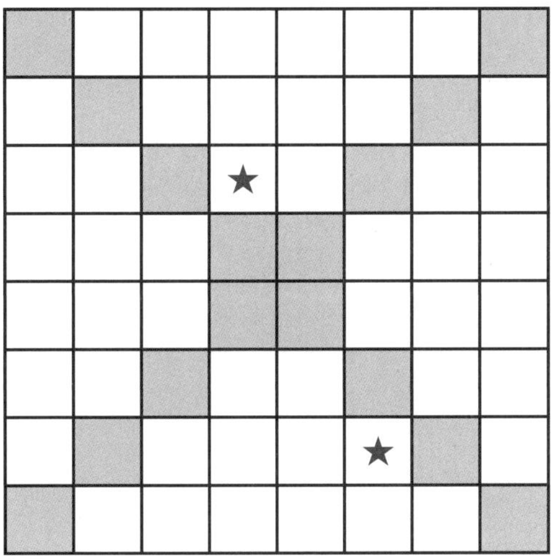

문제4

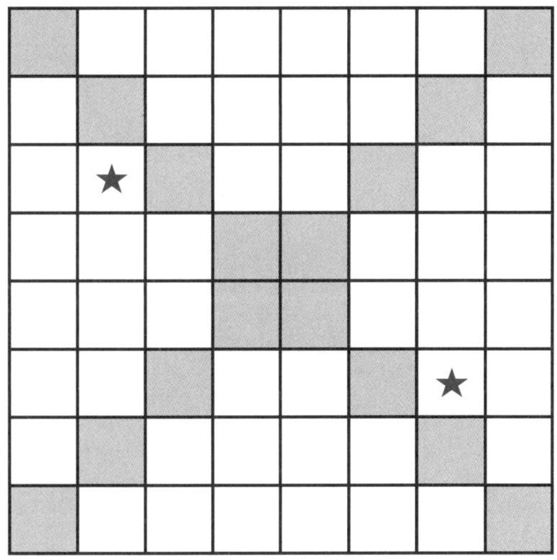

세상을 비추는 등불

퍼즐판 위 음영은, 마치 세상의 여러 사건 사고와 같습니다. 세상을 비추는 등불을 놓으려고 합니다. 각각의 등불이 같은 가로줄, 세로줄, 대각선상에 있지 않도록 8개의 등불을 배치해 보세요.
2개의 등불(★ 로 표시)은 이미 배치되어 있으니 음영으로 표시된 곳을 피하여 나머지 6개의 등불을 배치하면 됩니다.

문제5

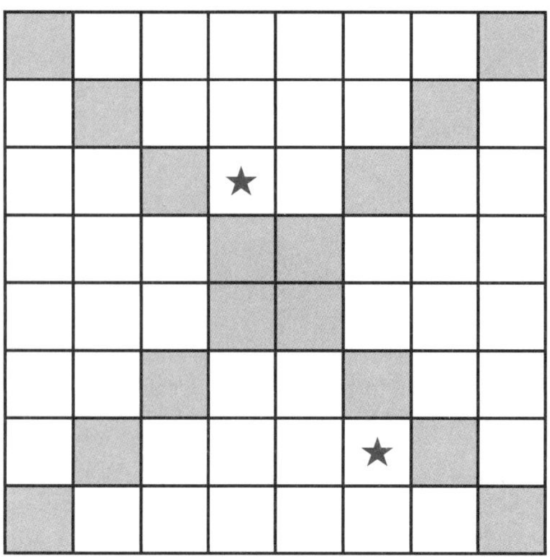

문제6

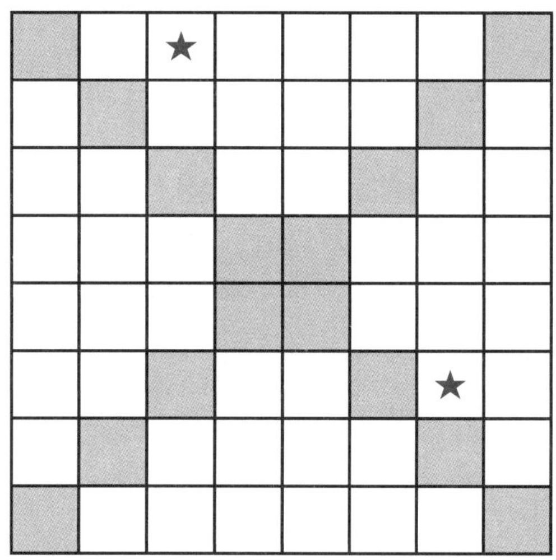

정답

문제 1, 3, 5번 정답

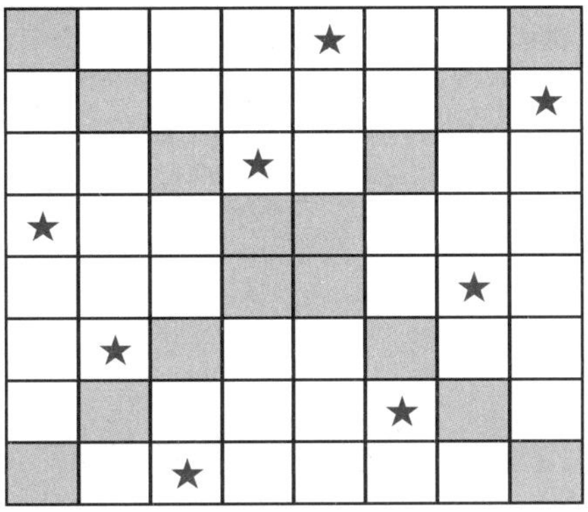

문제 2, 4, 6번 정답

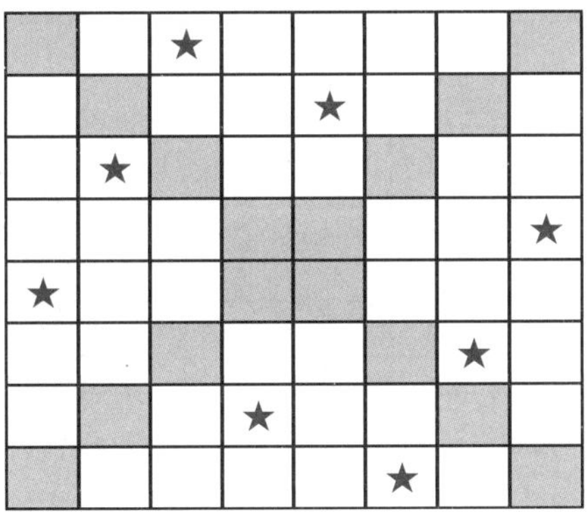

스도쿠 사촌 쌍쌍 퍼즐

8개의 단어(믿음, 소망, 사랑, 인내, 자비, 양선, 충성, 온유)가 2개씩 짝을 지어서 퍼즐판 안에 놓여 있습니다. 짝을 이룬 각각의 단어는 가로줄이나 세로줄에 한 번씩만 나타나야 합니다. 이미 짝을 이루어 퍼즐판 안에 있는 단어 외에 나머지를 보기에서 골라서 완성해 보세요. 명암으로 표시된 곳은 빈칸으로 남겨 놓습니다.

문제1

믿음 사랑	인내 온유	자비 온유	충성 온유	양선 온유
인내 양선	인내 자비	양선 사랑	사랑 자비	믿음 자비
소망 온유	양선 충성	충성 소망	믿음 소망	충성 믿음
인내 믿음	사랑 온유	양선 믿음	충성 인내	소망 사랑

믿음 온유			자비 충성		사랑 인내	소망 양선
사랑 충성						
자비 양선						
		자비 소망				
소망 인내						

스도쿠 사촌 쌍쌍 퍼즐

8개의 단어(믿음, 소망, 사랑, 인내, 자비, 양선, 충성, 온유)가 2개씩 짝을 지어서 퍼즐판 안에 놓여 있습니다. 짝을 이룬 각각의 단어는 가로줄이나 세로줄에 한 번씩만 나타나야 합니다. 이미 짝을 이루어 퍼즐판 안에 있는 단어 외에 나머지를 보기에서 골라서 완성해 보세요. 명암으로 표시된 곳은 빈칸으로 남겨 놓습니다.

문제2

믿음 사랑	인내 온유	자비 온유	충성 온유	양선 온유
인내 양선	인내 자비	양선 사랑	사랑 자비	믿음 자비
소망 온유	양선 충성	충성 소망	믿음 소망	충성 믿음
인내 믿음	사랑 온유	양선 믿음	충성 인내	자비 소망

믿음 온유			자비 충성		사랑 인내	소망 양선
사랑 충성						
자비 양선						
소망 인내						
				소망 사랑		

스도쿠 사촌 쌍쌍 퍼즐

8개의 단어(믿음, 소망, 사랑, 인내, 자비, 양선, 충성, 온유)가 2개씩 짝을 지어서 퍼즐판 안에 놓여 있습니다. 짝을 이룬 각각의 단어는 가로줄이나 세로줄에 한 번씩만 나타나야 합니다. 이미 짝을 이루어 퍼즐판 안에 있는 단어 외에 나머지를 보기에서 골라서 완성해 보세요. 명암으로 표시된 곳은 빈칸으로 남겨 놓습니다.

문제3

믿음 사랑	인내 온유	자비 온유	충성 온유	양선 온유
인내 양선	인내 자비	양선 사랑	사랑 자비	믿음 자비
소망 온유	양선 충성	충성 소망	믿음 소망	충성 믿음
인내 믿음	사랑 온유	양선 믿음	충성 인내	

믿음 온유			자비 충성		사랑 인내	소망 양선
사랑 충성						
자비 양선						
		자비 소망				
소망 인내						
				소망 사랑		

스도쿠 사촌 쌍쌍 퍼즐

8개의 단어(믿음, 소망, 사랑, 인내, 자비, 양선, 충성, 온유)가 2개씩 짝을 지어서 퍼즐판 안에 놓여 있습니다. 짝을 이룬 각각의 단어는 가로줄이나 세로줄에 한 번씩만 나타나야 합니다. 이미 짝을 이루어 퍼즐판 안에 있는 단어 외에 나머지를 보기에서 골라서 완성해 보세요. 명암으로 표시된 곳은 빈칸으로 남겨 놓습니다.

문제4

믿음 사랑	인내 온유	소망 양선	믿음 자비	
양선 온유	인내 자비	양선 사랑	사랑 자비	
소망 온유	양선 충성	충성 소망	믿음 소망	충성 믿음
인내 믿음	사랑 온유	양선 믿음	충성 인내	소망 사랑

믿음 온유			자비 충성		사랑 인내	
사랑 충성						
자비 양선						
		자비 소망				
소망 인내				자비 온유		
		인내 양선				충성 온유

정답

문제1

믿음, 소망, 사랑, 인내, 자비, 양선, 충성, 온유

믿음 온유			자비 충성		사랑 인내	소망 양선
사랑 충성	소망 온유			양선 믿음		인내 자비
자비 양선	인내 믿음	사랑 온유			충성 소망	
	양선 충성	자비 소망	인내 온유			믿음 사랑
소망 인내		충성 믿음	양선 사랑	자비 온유		
	사랑 자비		믿음 소망	충성 인내	양선 온유	
		인내 양선		소망 사랑	믿음 자비	충성 온유

문제2

믿음, 소망, 사랑, 인내, 자비, 양선, 충성, 온유

믿음 온유			자비 충성		사랑 인내	소망 양선
사랑 충성	소망 온유			양선 믿음		인내 자비
자비 양선	인내 믿음	사랑 온유			충성 소망	
	양선 충성	자비 소망	인내 온유			믿음 사랑
소망 인내		충성 믿음	양선 사랑	자비 온유		
	사랑 자비		믿음 소망	충성 인내	양선 온유	
		인내 양선		소망 사랑	믿음 자비	충성 온유

문제3

믿음, 소망, 사랑, 인내, 자비, 양선, 충성, 온유

믿음 온유			자비 충성		사랑 인내	소망 양선
사랑 충성	소망 온유			양선 믿음		인내 자비
자비 양선	인내 믿음	사랑 온유			충성 소망	
	양선 충성	자비 소망	인내 온유			믿음 사랑
소망 인내		충성 믿음	양선 사랑	자비 온유		
	사랑 자비		믿음 소망	충성 인내	양선 온유	
		인내 양선		소망 사랑	믿음 자비	충성 온유

문제4

믿음, 소망, 사랑, 인내, 자비, 양선, 충성, 온유

믿음 온유			자비 충성		사랑 인내	소망 양선
사랑 충성	소망 온유			양선 믿음		인내 자비
자비 양선	인내 믿음	사랑 온유			충성 소망	
	양선 충성	자비 소망	인내 온유			믿음 사랑
소망 인내		충성 믿음	양선 사랑	자비 온유		
	사랑 자비		믿음 소망	충성 인내	양선 온유	
		인내 양선		소망 사랑	믿음 자비	충성 온유

암호 해독

상단부의 암호 해독판을 참고하여, 하단부의 빈칸에 암호를 해독하고,
1~14의 순서에 맞게 두 줄에서 선택하여 올바른 성경 문구를 적어보세요.

문제1

	A	B	C	D	E
1	은	사	그	라	님
2	리	나	의	도	령
3	니	수	제	스	하
4	혜	도	형	자	이
5	상	랑	성	는	예

1	2	3	4	5	6	7	8	9	10	11	12	13	14
E5	A2	D3	B1	D5	C5	E2	E1	C2	C3	A5	E4	B4	D1
C1	B3	E1	B4	D4	E3	B2	B1	B5	C4	D4	A1	A3	A4

암호 해독

상단부의 암호 해독판을 참고하여, 하단부의 빈칸에 암호를 해독하고, 1~14의 순서에 맞게 두 줄에서 선택하여 올바른 성경 문구를 적어보세요.

문제2

	A	B	C	D	E
1	님	진	하	은	아
2	우	라	과	살	혜
3	랑	의	리	감	나
4	도	는	여	성	사
5	신	호	이	계	전

1	2	3	4	5	6	7	8	9	10	11	12	13	14	15
E4	C3	B4	D1	E1	C4	A5	C1	C3	A1	B3	C4	E5	A4	B2
A2	A3	C2	D2	E2	D5	B5	B1	E3	C2	D3	D4	A3	C5	E1

암호 해독

상단부의 암호 해독판을 참고하여, 하단부의 빈칸에 암호를 해독하고, 1~14의 순서에 맞게 두 줄에서 선택하여 올바른 성경 문구를 적어보세요.

문제3

	A	B	C	D	E
1	서	군	릇	은	로
2	명	오	공	노	항
3	하	충	직	파	종
4	상	로	믿	사	서
5	랑	혜	으	찬	라

1	2	3	4	5	6	7	8	9	10	11	12	13
B2	A4	C4	A5	C5	B3	C2	B4	E3	B1	C1	A3	E4
E2	C3	D4	D1	B5	B4	A1	A2	D5	D2	A4	D3	E5

정답

문제1

1	2	3	4	5	6	7	8	9	10	11	12	13	14
E5	A2	D3	B1	D5	C5	E2	E1	C2	C3	A5	E4	B4	D1
예	리	스	사	는	성	령	님	의	제	상	이	도	라
C1	B3	E1	B4	D4	E3	B2	B1	B5	C4	D4	A1	A3	A4
그	수	님	도	자	하	나	사	랑	형	자	은	니	혜

그리스도는 하나님의 형상이니라 (고후 4:4)

문제2

1	2	3	4	5	6	7	8	9	10	11	12	13	14	15
E4	C3	B4	D1	E1	C4	A5	C1	C3	A1	B3	C4	E5	A4	B2
사	리	는	은	아	여	신	하	리	님	의	여	전	도	라
A2	A3	C2	D2	E2	D5	B5	B1	E3	C2	D3	D4	A3	C5	E1
우	랑	과	살	혜	계	호	진	나	과	감	성	랑	이	아

우리는 살아계신 하나님의 성전이라 (고후 6:16)

문제3

1	2	3	4	5	6	7	8	9	10	11	12	13
B2	A4	C4	A5	C5	B3	C2	B4	E3	B1	C1	A3	E4
오	상	믿	랑	으	충	공	로	종	군	릇	하	서
E2	C3	D4	D1	B5	B4	A1	A2	D5	D2	A4	D3	E5
항	직	사	은	혜	로	서	명	찬	노	상	파	라

오직 사랑으로 서로 종 노릇하라 (갈 5:13)

핸드폰

옛날 핸드폰 자판으로 메시지를 보내려고 합니다. 보내려는 한글 단어에 해당하는 자판 번호를 발신자 A가 누르면, 핸드폰이 인공지능으로 알맞게 단어를 구성하여 수신자 B에게 보내며, 수신자 B의 화면에는 발신자 A가 원하는 메시지가 나타납니다.
발신자는 시편 성경 구절의 빈칸에 들어갈 내용을 보내려고 하고 있습니다. 발신자 A가 아래와 같은 순서로 자판 번호를 눌렀다면, 수신자 B의 화면에는 어떤 단어가 나타날지 맞혀보세요.

문제1

내가 여호와의 명령을 전하노라 여호와께서 내게 이르시되 너는 내 아들이라 오늘 내가 너를 낳았도다
내게 구하라 내가 이방 나라를 네 (**)으로 주리니 네 소유가 땅 끝까지 이르리로다
네가 (**)으로 그들을 깨뜨림이여 질그릇 같이 부수리라 하시도다 (시 2:7–9절)

3 8 3 6 2　　4 6 2 3 6 3

핸드폰

옛날 핸드폰 자판으로 메시지를 보내려고 합니다. 보내려는 한글 단어에 해당하는 자판 번호를 발신자 A가 누르면, 핸드폰이 인공지능으로 알맞게 단어를 구성하여 수신자 B에게 보내며, 수신자 B의 화면에는 발신자 A가 원하는 메시지가 나타납니다.
발신자는 시편 성경 구절의 빈칸에 들어갈 내용을 보내려고 하고 있습니다. 발신자 A가 아래와 같은 순서로 자판 번호를 눌렀다면, 수신자 B의 화면에는 어떤 단어가 나타날지 맞혀보세요.

문제2

내 의의 하나님이여 내가 부를 때에 응답하소서 (**)중에 나를 너그럽게 하셨사오니 내게 은혜를 베푸사 나의 기도를 들으소서
인생들아 어느 때까지 나의 영광을 바꾸어 욕되게 하며 헛된 일을 좋아하고 (**)을 구하려는가
여호와께서 자기를 위하여 경건한 자를 택하신 줄 너희가 알지어다 내가 그를 부를 때에 여호와께서 들으시리로다 (시 4:1–3)

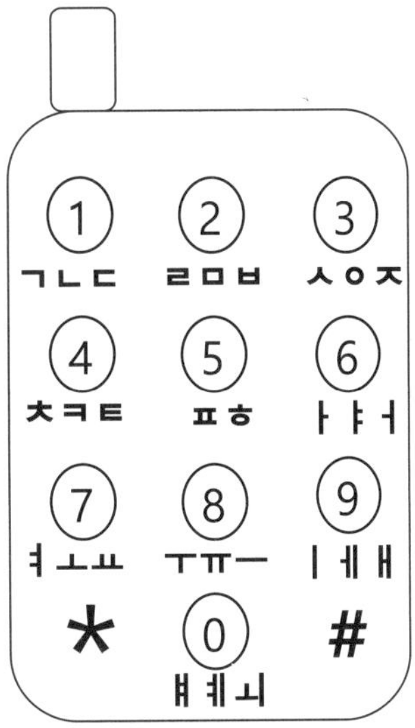

1 7 1 2 6 1　　1 6 3 9 3

핸드폰

옛날 핸드폰 자판으로 메시지를 보내려고 합니다. 보내려는 한글 단어에 해당하는 자판 번호를 발신자 A가 누르면, 핸드폰이 인공지능으로 알맞게 단어를 구성하여 수신자 B에게 보내며, 수신자 B의 화면에는 발신자 A가 원하는 메시지가 나타납니다.
발신자는 시편 성경 구절의 빈칸에 들어갈 내용을 보내려고 하고 있습니다. 발신자 A가 아래와 같은 순서로 자판 번호를 눌렀다면, 수신자 B의 화면에는 어떤 단어가 나타날지 맞혀보세요.

문제3

하나님이여 그들을 정죄하사 자기 꾀에 빠지게 하시고 그 많은 허물로 말미암아 그들을 쫓아내소서 그들이 주를 (**)함이니이다
그러나 주께 피하는 모든 사람은 다 기뻐하며 주의 보호로 말미암아 영원히 기뻐 외치고 주의 (**)을 사랑하는 자들은 주를 즐거워하리이다
(시 5:10-11)

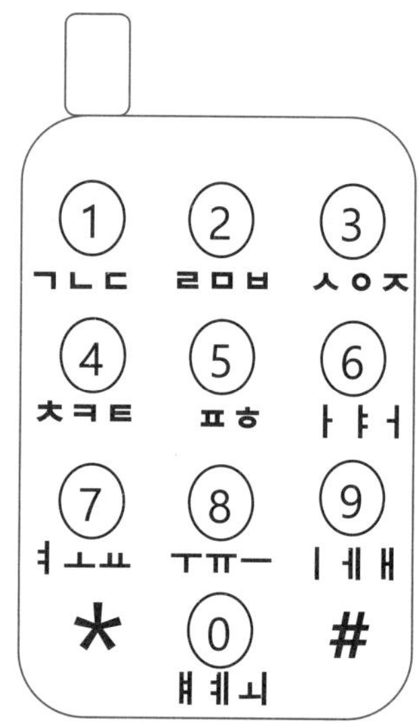

2 9 3 7 1　　3 9 2 8 2

핸드폰

옛날 핸드폰 자판으로 메시지를 보내려고 합니다. 보내려는 한글 단어에 해당하는 자판 번호를 발신자 A가 누르면, 핸드폰이 인공지능으로 알맞게 단어를 구성하여 수신자 B에게 보내며, 수신자 B의 화면에는 발신자 A가 원하는 메시지가 나타납니다.
발신자는 시편 성경 구절의 빈칸에 들어갈 내용을 보내려고 하고 있습니다. 발신자 A가 아래와 같은 순서로 자판 번호를 눌렀다면, 수신자 B의 화면에는 어떤 단어가 나타날지 맞혀보세요.

문제4

악인이 죄악을 낳음이여 (**)을 배어 거짓을 낳았도다
그가 웅덩이를 파 만듦이여 제가 만든 함정에 빠졌도다
그의 재앙은 자기 머리로 돌아가고 그의 (**)은 자기 정수리에 내리리로다
내가 여호와께 그의 의를 따라 감사함이여 지존하신 여호와의 이름을 찬양하리로다 (시 7:14–17)

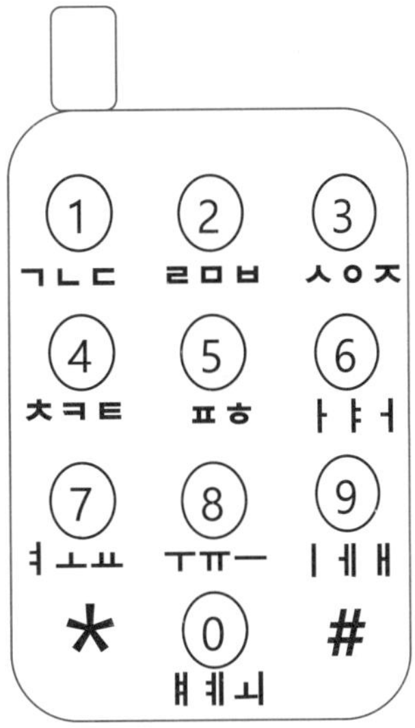

3 9 3 6 3 5 7 3 1 1

핸드폰

옛날 핸드폰 자판으로 메시지를 보내려고 합니다. 보내려는 한글 단어에 해당하는 자판 번호를 발신자 A가 누르면, 핸드폰이 인공지능으로 알맞게 단어를 구성하여 수신자 B에게 보내며, 수신자 B의 화면에는 발신자 A가 원하는 메시지가 나타납니다.
발신자는 시편 성경 구절의 빈칸에 들어갈 내용을 보내려고 하고 있습니다. 발신자 A가 아래와 같은 순서로 자판 번호를 눌렀다면, 수신자 B의 화면에는 어떤 단어가 나타날지 맞혀보세요.

문제5

내가 (**)으로 여호와께 감사하오며 주의 모든 기이한 일들을 전하리이다
내가 주를 기뻐하고 즐거워하며 지존하신 주의 이름을 찬송하리니
내 원수들이 물러갈 때에 주 앞에서 넘어져 망함이니이다
주께서 나의 의와 (**)를 변호하셨으며 보좌에 앉으사 의롭게 심판하셨나이다 (시 9:1–4)

3 6 1 3 9 2   3 7 3 3 6

핸드폰

옛날 핸드폰 자판으로 메시지를 보내려고 합니다. 보내려는 한글 단어에 해당하는 자판 번호를 발신자 A가 누르면, 핸드폰이 인공지능으로 알맞게 단어를 구성하여 수신자 B에게 보내며, 수신자 B의 화면에는 발신자 A가 원하는 메시지가 나타납니다.
발신자는 시편 성경 구절의 빈칸에 들어갈 내용을 보내려고 하고 있습니다. 발신자 A가 아래와 같은 순서로 자판 번호를 눌렀다면, 수신자 B의 화면에는 어떤 단어가 나타날지 맞혀보세요.

문제6

여호와께서는 영원무궁하도록 왕이시니 이방 나라들이 주의 땅에서 멸망하였나이다
여호와여 주는 겸손한 자의 소원을 들으셨사오니 그들의 (**)을 준비하시며 귀를 기울여 들으시고
고아와 압제 당하는 자를 위하여 심판하사 (**)에 속한 자가 다시는 위협하지 못하게 하시리이다 (시 10:16-18)

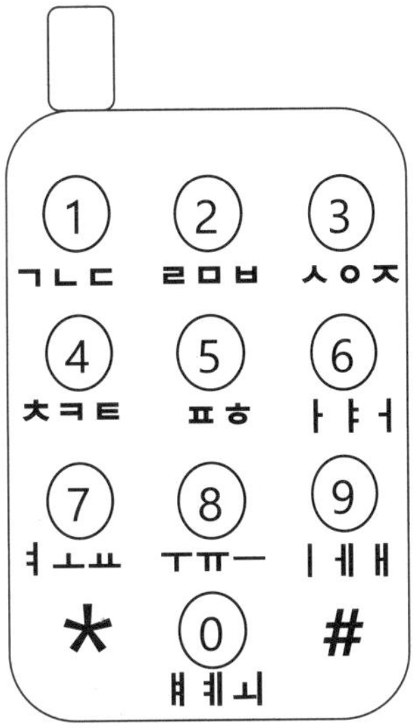

2 6 3 8 2　　3 9 3 6 3

정답

문제1

3	8	3	6	2
ㅅ	ㅜ	ㅅ	ㅏ	ㄹ
ㅇ	ㅠ	ㅇ	ㅑ	ㅁ
ㅈ	ㅡ	ㅈ	ㅓ	ㅂ

유 업

4	6	2	3	6	3
ㅊ	ㅏ	ㄹ	ㅅ	ㅏ	ㅅ
ㅋ	ㅑ	ㅁ	ㅇ	ㅑ	ㅇ
ㅌ	ㅓ	ㅂ	ㅈ	ㅓ	ㅈ

철 장

문제2

1	7	1	2	6	1
ㄱ	ㅕ	ㄱ	ㄹ	ㅏ	ㄱ
ㄴ	ㅗ	ㄴ	ㅁ	ㅑ	ㄴ
ㄷ	ㅛ	ㄷ	ㅂ	ㅓ	ㄷ

곤 란

1	6	3	9	3
ㄱ	ㅏ	ㅅ	ㅣ	ㅅ
ㄴ	ㅑ	ㅇ	ㅔ	ㅇ
ㄷ	ㅓ	ㅈ	ㅐ	ㅈ

거 짓

문제3

2	9	3	7	1
ㄹ	ㅣ	ㅅ	ㅕ	ㄱ
ㅁ	ㅔ	ㅇ	ㅗ	ㄴ
ㅂ	ㅐ	ㅈ	ㅛ	ㄷ

배 역

3	9	2	8	2
ㅅ	ㅣ	ㄹ	ㅜ	ㄹ
ㅇ	ㅔ	ㅁ	ㅠ	ㅁ
ㅈ	ㅐ	ㅂ	ㅡ	ㅂ

이 름

문제4

3	9	3	6	3
ㅅ	ㅣ	ㅅ	ㅏ	ㅅ
ㅇ	ㅔ	ㅇ	ㅑ	ㅇ
ㅈ	ㅐ	ㅈ	ㅓ	ㅈ

재　앙

5	7	3	6	1
ㅍ	ㅕ	ㅅ	ㅏ	ㄱ
ㅎ	ㅗ	ㅇ	ㅑ	ㄴ
	ㅛ	ㅈ	ㅓ	ㄷ

포　악

문제5

3	6	1	3	9	2
ㅅ	ㅏ	ㄱ	ㅅ	ㅣ	ㄹ
ㅇ	ㅑ	ㄴ	ㅇ	ㅔ	ㅁ
ㅈ	ㅓ	ㄷ	ㅈ	ㅐ	ㅂ

전　심

3	7	3	3	6
ㅅ	ㅕ	ㅅ	ㅅ	ㅏ
ㅇ	ㅗ	ㅇ	ㅇ	ㅑ
ㅈ	ㅛ	ㅈ	ㅈ	ㅓ

송　사

문제6

2	6	3	8	2
ㄹ	ㅏ	ㅅ	ㅜ	ㄹ
ㅁ	ㅑ	ㅇ	ㅠ	ㅁ
ㅂ	ㅓ	ㅈ	ㅡ	ㅂ

마　음

3	9	3	6	3
ㅅ	ㅣ	ㅅ	ㅏ	ㅅ
ㅇ	ㅔ	ㅇ	ㅑ	ㅇ
ㅈ	ㅐ	ㅈ	ㅓ	ㅈ

세　상

성경 퍼즐 시리즈 3

창의 퍼즐로 즐기는 성경

1판 1쇄 인쇄 _ 2025년 12월 15일
1판 1쇄 발행 _ 2025년 12월 20일

지은이 _ 박선호
펴낸이 _ 이형규
펴낸곳 _ 쿰란출판사

주소 _ 서울특별시 종로구 이화장길 6
편집부 _ 745-1007, 745-1301~2, 747-1212, 743-1300
영업부 _ 747-1004, FAX 745-8490
본사평생전화번호 _ 0502-756-1004
홈페이지 _ http://www.qumran.co.kr
E-mail _ qrbooks@daum.net / qrbooks@gmail.com
한글인터넷주소 _ 쿰란, 쿰란출판사
페이스북 _ www.facebook.com/qumranpeople
인스타그램 _ www.instagram.com/qrbooks
등록 _ 제1-670호(1988.2.27)
책임교열 _ 최진희 · 최찬미

© 박선호 2025 ISBN 979-11-24013-23-6 93230

책값은 뒤표지에 있습니다.
이 출판물은 저작권법에 의해 보호를 받는 저작물이므로 무단 복제할 수 없습니다.
파본(破本)은 구입처에서 교환해 드립니다.